夢 実現への第一歩

入試説明会 ［要ホームページ予約］

10/22(土) 10/29(土)
11/12(土) 11/19(土) 11/26土)
14：00〜15：30 ●校内見学あり

施設見学 ［要ホームページ予約］

9 /17(土) 9 /24(土)
12/ 3 (土) 12/10(土) 12/17(土)
13：00〜16：00

英語科の語学研修先

●ニュージーランド(1年間留学コース)
※3年間で卒業できます。

●ニュージーランド(10週間コース)

●アメリカ(8週間コース)

●イギリス(8週間コース)

●フィリピン・セブリゾート(8週間コース)

●フィリピン・セブリゾート(1週間コース)

平成28年3月卒業生進学状況

	27年度	28年度
国公立	50	**57**
早稲田・慶應・上智・東京理科・ICU	129	**91**
明治・青山学院・立教・中央・法政・学習院	207	**172**

平成28年度 医療系学科合格者

●医学部医学科 4名合格
金沢大1名　佐賀大1名　山形大1名　自治医大1名

●薬学科 36名合格
北里大1名　東邦大7名　星薬科大2名　明治薬科大2名
昭和大1名　昭和薬科大2名　日本大5名　帝京大2名

●看護学科 64名合格
首都大東京2名　防衛医科大2名　千葉県立保健医療大3
横浜市立大1名　国立看護大6名　慶應大1名　上智大3
聖路加国際大1名

●特待生制度
A特待:入学金と1年間の授業料全額免除
B特待:入学金の免除

江戸川女子高等学校

〒133-8552　東京都江戸川区東小岩5-22-1　Tel. 03-3659-1241　Fax. 03-3659-4994
http://www.edojo.jp
JR総武線『小岩駅』下車→徒歩10分　京成線『江戸川駅』下車→徒歩15分

必勝5科コース

筑駒クラス・開成クラス・国立クラス
（男子クラス）（男子クラス）（男女クラス）

開成・国立附属などの5科目対策No.1の早稲アカで万全の対策を!!

開成・国立附属・都県立トップ校合格を目指す5科目生対象のコースです。

最高レベルのクラスである筑駒クラスは、必勝5科コースのなかでの男子の選抜クラスとして設置します。また、開成クラス（男子）は開成・国立附属、国立クラス（男女）は国立附属・慶應女子・都県立トップ校の合格を目指すクラスです。併願校である他の早慶附属校への対応も完璧です。

開成・国立附属・都県立トップ校、そして慶應女子合格のためにポイントになる科目は数学です。このコースでは、数学の授業回数を多くすることで、数学への対策を万全にします。また、もうひとつのポイントになる理科・社会の指導にも力を入れています。毎週の授業にプラスして毎月3回の土曜集中特訓にも理社の講座を設け、理科・社会の強化も万全の態勢で行います。

筑駒・開成・国立クラスは、各種模試や授業内テストの結果でクラスを変更していきます。

対象校

開成・筑波大学附属駒場・筑波大学附属・学芸大学附属・お茶の水女子大学附属・慶應女子・渋谷幕張・都県立トップ校 など

実施会場

筑駒	開成	国立
西日暮里校	渋谷校・西日暮里校・立川校・武蔵小杉校・北浦和校・船橋校	渋谷校・西日暮里校・立川校・武蔵小杉校・北浦和校・船橋校

2016年度 高校入試合格実績

開成	79
筑駒	20
筑附	48
お茶附	35
学大附	63
慶應女子	87
渋幕	79
日比谷	81
西	52
国立	49

その他多数合格

早稲田アカデミー

中2・中3対象

日曜日を使って効率的に
学力アップを実現する

日曜特訓講座

中2対象

中2必勝ジュニア

[科目] 英語・数学　[時間] 13:30〜18:45

[日程] 9/11、9/25、10/2、11/13、11/27、1/8

[会場] 新宿校・渋谷校・成城学園前校・西日暮里校・武蔵境校・横浜校・たまプラーザ校・南浦和校・津田沼校

「まだ中2だから……」なんて、本当にそれでいいのでしょうか。もし、君が高校入試で開成・国立附属・早慶などの難関校に『絶対に合格したい！』と思っているならば、「本気の学習」に早く取り組んでいかなくてはいけません。大きな目標である『合格』を果たすには、言うまでもなく全国トップレベルの実力が必要となります。そして、その実力は、自らがそのレベルに挑戦し、自らが努力しながらつかみ取っていくべきものなのです。合格に必要なレベルを知り、トップレベルの問題に対応できるだけの柔軟な思考力を養うことが何よりも重要です。さあ、中2の今だからこそトライしていこう！

中3対象

中3日曜特訓

[科目] 英語・数学　[時間] 13:30〜18:45

[日程] 9/18、10/9、10/23、11/13、11/20、11/27、12/18

[会場] 茗荷谷校・大森校・三軒茶屋校・葛西校・吉祥寺校・綱島校・新百合ヶ丘校・南浦和校・川越校・松戸校・津田沼校

1学期の日曜特訓が、中1〜中2の復習を踏まえた基礎力の養成が目的であったのに対し、2学期の日曜特訓は入試即応の実戦的な内容になっています。また、近年の入試傾向を徹底的に分析した結果、最も出題されやすい単元をズラリとそろえていますから、参加することによって確実に入試での得点力をアップさせることができるのです。よって、現在の自分自身の学力をよく考えてみて、少しでも不安のある単元には積極的に参加するようにしてください。1日たった5時間の授業で、きっとスペシャリストになれるはずです。さあ、志望校合格を目指してラストスパート！

※都立Vもぎ（東京都）・千葉県立Vもぎ（千葉県）実施日は開始時刻を変更する場合がございます。最寄りの校舎にお問い合わせください。

早稲田アカデミー

Success15

サクセス15
September 2016
9
http://success.waseda-ac.net/

CONTENTS

世界を体感！ 視野が広がる！

海外語学研修の魅力

みなさんは実際に海外に行って、授業で身につけた英語力を試してみたい、日本とは違う文化に触れてみたいと思ったことはありませんか。そんなみなさんにおすすめなのが、現在実施する学校が増えている海外語学研修です。各校で特色あるプログラムが用意されていますが、今回はそのなかから千葉県立船橋高等学校と明治大学付属明治高等学校のプログラムをご紹介します。どちらも魅力的な内容で、海外語学研修によって視野が広がり、成長できたという生徒さんの声が多くありました。みなさんも高校にこのような制度があったら積極的にチャレンジしてみませんか。

千《ち》葉《ば》県《けん》立《りつ》船《ふな》橋《ばし》高等学校

●千葉県 ●公立 ●共学校

オーストラリア短期留学

雄大な自然とおおらかな人々とふれあい、多様性を知る

行き先 オーストラリア・クイーンズランド

期間 約２週間（７月中旬〜下旬、８月初頭になることも）

対象学年 高２

募集人数 30名

おおまかなスケジュール 初日からホームステイ先にそれぞれ移動し、平日は現地のマシュー・フリンダーズ・アングリカン高校でさまざまな授業やアクティビティー（活動）、日本文化プレゼンテーションを行ったり、全員でビーチや動物園などに行くプログラムなどがある。放課後はホストファミリーと過ごす。土日はオプションでバーベキューなどのプログラムもあるが自由参加。ホストファミリーと出かける人も。最終日前日にはフェアウェルパーティーがあり、最終日はシドニーに移動して半日観光したあと、帰路につく。

お話を伺った方々
巽《たつみ》 正裕《まさひろ》 先生
東浦《ひがしうら》 綾香《あやか》さん（高3）
大島《おおしま》 さくらさん（高3）

Q この短期留学の狙いをお教えください。

【巽先生】 1つは外国で異文化体験をしてもらいたいということです。いまは外国に行ったことがあるという人は増えたと思いますが、本校ではこのために初めてパスポートを取る生徒も多いです。そういった生徒たちが初めて外国に行く機会が、友だちとこうした形で、というのもいいのかなと。2つ目は、中学3年間、高校2年間勉強してきた英語がいったいどの程度使えるのかということですね。

Q 参加しようと思った理由は？

【東浦さん】 中学生のときから英語が好きで、通訳だったり英語を使った仕事に興味がありました。でも勉強するだけだと、話すことへの恥ずかしさとか照れがどうしてもあるので、それをなんとかしたかったし、外国へ行くことへの憧れもありました。この学校にオーストラリア短期留学があるのは知っていて、それが志望理由の1つになったぐらいです。

【大島さん】 小学生のときに家族で一度だけオーストラリアに行ったことがあって、その際に同年代の向こうの子に、チャンスがあっても全然話しかけられなかった悔しさを晴らしたいなという思いがあって志望しました。

Q 初日のことを振り返ってもらえますか。

【東浦さん】 現地についたあと、みんなで学校に移動して、そこからホストファミリーと会い、家まで連れていってもらうのですが、私が泊まった家は航空写真じゃないと全部収まらないぐらい広い家でした。牛や馬も飼っていて、あまりの広さに私はすごいびっくりしていたんですけど、緊張と広さに驚きすぎたことでリアクションが小さくなってしまったようで、そんな私を見ながらホストファミリーもちょっと距離感をつかめなかったみたいです。でも少しずつ話していくことで、不安よりも期待が大きくなりました。

【大島さん】 初日はホストマザーが迎えに来てくれたのですが、英語は全然聞き取れないし、自分からは話しかけられないしうまく交流できませんでした。でもホストマザーから少しずつ話しかけてきてくれて、家

現地の生徒といっしょに

動物園も訪問。もちろんコアラもいます

最終日に立ち寄ったシドニー

クッキングレッスンで作ったアンザックビスケット

東浦さんは、ホストブラザーのサッカー練習についていって、目にした天然の芝生が広がるグラウンドからもオーストラリアの雄大な自然を感じたそうです

留学の拠点・マシュー・フリンダーズ・アングリカン高校

滞在３日目に訪れたムルラバビーチ

に着いたあとに飼っているペットの紹介をしてもらったぐらいから「私も簡単な言葉でいいから話さなきゃ」という思いでようやく打ち解けられました。

Q 一番印象に残っていることはなんでしょうか。

【東浦さん】最終日前日の夜に、ホストファミリーに向けて手紙を読んだのですが、その際、「ここに住みたい」というようなことを言うと、ホストファミリーが「ここはあなたの第2の家族だよ」って言ってくれました。さらに、家族みんながそれぞれプレゼントをくれたんです。私は全然それを知らなかったので本当に驚きました。たった2週間でしたが、家族として受け入れてくれたことがとても嬉しかったです。

【大島さん】ホストファミリーと過ごす土日に、いまは結婚して別の場所に住んでいるホスト夫妻の娘さんのお家に連れていってもらったことがありました。そこに私と同じような年齢の子たちがいて、いっしょに話して遊ぶことができたので、小学生からの念願がかなって、すごく印象深かったです。

Q 参加する前と比べて変わったなと感じることはありますか。

【大島さん】英語力です。オーストラリアに行ったことで新しい表現が身についたというよりも、日常的な会話がぱっとできるようになったことは大きいなと思います。リスニングも行く前とは全然違いますし、いまなら町中で英語で話しかけられても大丈夫です（笑）。

【東浦さん】私も英語ですね。あとは日本とは違うんだなということを実感したことです。それまでは「私はこう」とやりたいことを決めつけちゃうタイプでした。でも異国で色々なことを体験すると、物事を1つのものさしだけで計るのはもったいないと思えるようになりました。

Q 中学生のみなさんにアドバイスをお願いします。

【東浦さん】もし高校に入ってこうしたプログラムがあって、少しでもなにか心に引っかかるようなら、そこで素通りせずにぜひ立ち止まって考えてもらいたいと思います。

【大島さん】私は自分から話しかけたりすることも苦手でしたが、向こうに行ってしまえばやるしかないし、なんとかなるものだと思いました。私も行ったことでものの見方や考え方も変わりました。迷うことがあるようなら参加してみてください。

明治《めいじ》大学《だいがく》付属《ふぞく》明治《めいじ》高等学校

●東京都 ●私立 ●共学校

春期・夏期語学研修

多国籍の人と暮らしながら英語の大切さを実感する

行き先 オーストラリア・クイーンズランド（春期）、カナダ・バンクーバー（夏期）

期　間 春期は３月中旬～下旬（10日間）、夏期は２週間コースは７月中旬～７月下旬、３週間コースは７月中旬～８月上旬。２週間コースはブリティッシュ・コロンビア大学（UBC）の寮で２週間を過ごすコースと、UBC１週間＋別の場所（ウィスラー、スクワミッシュ）で１週間のコース、３週間コースはUBCで３週間のコースと、UBC１週間＋ビクトリア大学で２週間のコースがあり、全部で４コース。ただし高３は３週間コースのみ。

対象学年 春期は中３～高２、夏期は中３～高３

募集人数 春期は20名、夏期は30名（２週間）と15名（３週間）

お話を伺った方々

吉田《よしだ》 重幸《しげゆき》先生

安田《やすだ》 ひかるさん（高2）

村松《むらまつ》 璃久《りく》さん（高2）

Q 夏期語学研修と春期語学研修の違いをお教えください。

【吉田先生】 夏期はカナダ・バンクーバーのブリティッシュ・コロンビア大学（以下、UBC）のキャンパスを拠点に、現地のボドウェル高校主催のプログラムに参加します。計4コースあり、どれも宿泊は各大学の寮です。

春期はオーストラリアで、こちらはレクシス・イングリッシュ・サンシャインコーストキャンパスで研修を行います。宿泊は、1家庭に1人のホームステイ形式です。

Q 研修の流れをお教えください。

【吉田先生】 夏期は一番初めにプレイスメントテスト（英語力を見るテスト）があります。他国からの参加者がいるので、いっしょにテストを受けて、英語力に応じてグループが分かれ、それぞれ午前中は英語の授業があります。午後はアクティビティーをこなしていきます。

春期も同じように、初めにプレイスメントテストがあります。そして午前中に授業、午後はアクティビティーということになるのですが、ホームステイなので、放課後はホストファミリーと過ごすことになるのが夏期との大きな違いですね。

Q 安田さん、村松さんが夏期語学研修に参加した理由はなんですか。

【安田さん】 学校で習っている英語が、どれだけ外国の人に通用するのかなということが気になったので応募しました。選択したのは3週間UBCにいるコースです。

【村松さん】 中3のときに、英語の勉強を頑張ろうと思い立って進めていくなかで語学研修のことを知り、挑戦してみようと思ったのがきっかけです。ぼくは2週間で、UBCと別の場所に滞在するコースでした。

Q 研修の最初のころを振り返ってみてどうでしたか。

【安田さん】 授業はもちろん英語ですし、周りに日本語を話せる人もいないので、最初の3日ぐらいは帰りたいと思っていました。でも、段々英語に慣れてくると、周りの人とも仲良くなって、最後には帰りたくないという気持ちが強くなりました。

【村松さん】 寮は夜9時には必ず消灯する決まりで、アクティビティーに行って帰ってきたあとでも9時に

夏期語学研修の舞台はカナダ。雄大な自然が待っています
緑の多いUBCのキャンパス。伸びのびと学べます
2〜3週間の寮生活。食事はバイキング形式です
さまざまなアクティビティが用意されています

なってしまったらお風呂にも入っちゃいけなかったり、また食事面でも日本と違いがあったので、そうした部分にびっくりしました。

Q 英語についてはどうでしたか。

【安田さん】授業は、やっている内容は簡単だったと思いますが、聞きとることがなかなか難しかったです。

【村松さん】ぼくも最初はなにを話されているかわからなかったです。でも参加している外国人のなかには小学生や中学生みたいな年齢の子もいて、そういう子が英語をペラペラしゃべっているのを見て、「もっと勉強しなきゃ」と思いました。

Q 研修中、大変だったことはありますか。

【安田さん】自分の言いたいことを伝えるのが、やはり大変でした。最後の方は聞きとることはできてきましたが、言いたいことをうまく表現できなくて、相手が察してくれて会話するという感じでした。

【村松さん】ウィスラーやスクワミッシュでは、バスで色々なアクティビティーの場所に移動するのですが、ぼくが乗ったバスは日本人が2人しかいなくて、周りでなにを言っているのかもわからないから、その環境に慣れるまでは大変でした。

Q 印象に残っていることを教えてください。

【安田さん】結構身体を動かすアクティビティーが多くて、言葉は通じなくても運動することで仲良くなるという体験ができたのが楽しかったです。

それと、村松さんが言っていたように、他国の小学生みたいな人が英語を上手にしゃべっているのを見て、私ももっと本当に努力しないと、頑張らないと思いました。英語に対する意識が変わったことは、参加してよかったなと思います。

【村松さん】ぼくも同じで、自分の英語が伝わらなくて、もっと勉強しないといけないと感じました。それでも、最後の方は自分から話しかけたりもできるようになり、自信がついた部分もあるのはよかったですね。

Q 中学生のみなさんにアドバイスをお願いします。

【村松さん】もし入学した高校にこういったプログラムがあったら、まず参加してみてほしいです。

【安田さん】私もそう思います。「英語を勉強しなさい」と言われるよりも、外国に行くことで、自分自身でもっと英語を勉強する大切さを知ることができると思います。

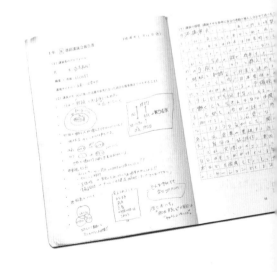

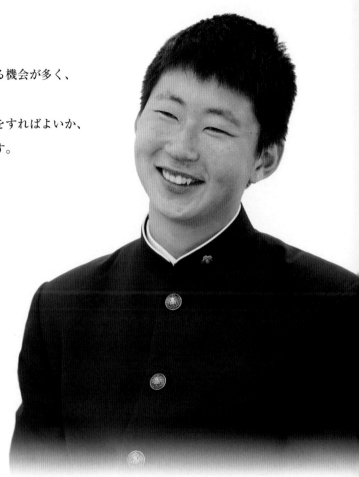

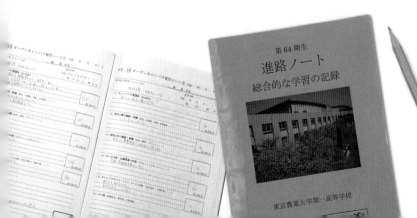

埼玉県立浦和

早稲田大学高等学院

熱い！ すごい！ かっこいい！
文化祭へレッツゴー！

高校の文化祭は、楽しみながら学校を見学できる絶好の機会。文化祭を見て「絶対にこの学校に行きたい！」と感じる受験生も多いんだ。この特集では、これから行ける文化祭の紹介と、文化祭の盛んな高校（埼玉県立浦和・早大高等学院）へのインタビューを掲載。気になる高校の文化祭、ぜひ見に行ってみよう！

首都圏の文化祭スケジュール（抜粋）

	学校名	文化祭日程
東京	都立青山（公・共）	9月3日(土)・4日(日)
東京	青山学院高等部（私・共）	9月17日(土)・19日(月祝)
東京	お茶の水女子大学附属（国・女）	9月17日(土)・18日(日)
東京	開成（私・男）	9月24日(土)・25日(日)
東京	都立国立（公・共）	9月3日(土)・4日(日)
東京	京華（私・男）	10月22日(土)
東京	都立国際（公・共）	9月17日(土)・18日(日)
東京	国際基督教大学高（私・共）	9月22日(木祝)・23日(金)
東京	都立国分寺（公・共）	9月10日(土)・11日(日)
東京	都立駒場（公・共）	9月10日(土)・11日(日)
東京	都立小山台（公・共）	9月18日(日)・19日(月祝)
東京	城北（私・男）	10月1日(土)・2日(日)
東京	都立新宿（公・共）	9月3日(土)・4日(日)
東京	都立立川（公・共）	9月10日(土)・11日(日)
東京	中央大学高（私・共）	9月4日(日)
東京	中央大学杉並（私・共）	9月17日(土)・18日(日)
東京	中央大学附属（私・共）	9月17日(土)・18日(日)
東京	筑波大学附属（国・共）	9月10日(土)・11日(日)
東京	筑波大学附属駒場（国・男）	10月28日(金)〜30日(日)
東京	東京学芸大学附属（国・共）	9月10日(土)・11日(日)
東京	豊島岡女子学園（私・女）	11月5日(土)・6日(日)
東京	都立戸山（公・共）	9月10日(土)・11日(日)・12日(月)
東京	都立西（公・共）	9月17日(土)・18日(日)
東京	都立八王子東（公・共）	9月3日(土)・4日(日)
東京	都立日比谷（公・共）	9月18日(日)・19日(月祝)
東京	法政大学高（私・共）	9月24日(土)・25日(日)
東京	都立町田（公・共）	9月3日(土)・4日(日)
東京	明治大学付属中野（私・男）	9月24日(土)
東京	明治大学付属中野八王子（私・共）	10月1日(土)・2日(日)
東京	明治大学付属明治（私・共）	9月24日(土)・25日(日)
東京	立教池袋（私・男）	11月2日(水)・3日(木祝)
東京	早稲田実業学校（私・共）	10月1日(土)・2日(日)
東京	早稲田大学高等学院（私・男）	10月8日(土)・9日(日)
神奈川	県立厚木（公・共）	9月3日(土)・4日(日)
神奈川	県立川和（公・共）	9月17日(土)・18日(日)
神奈川	慶應義塾高（私・男）	10月29日(土)・30日(日)
神奈川	慶應義塾湘南藤沢（私・共）	11月12日(土)・13日(日)
神奈川	県立光陵（公・共）	9月17日(土)・18日(日)
神奈川	県立多摩（公・共）	9月3日(土)・4日(日)
神奈川	中央大学附属横浜（私・共）	9月10日(土)・11日(日)
神奈川	桐蔭学園（私・別）	9月24日(土)・25日(日)
神奈川	桐光学園（私・別）	9月22日(木祝)
神奈川	日本女子大学附属（私・女）	10月29日(土)・30日(日)
神奈川	県立柏陽（公・共）	10月1日(土)・2日(日)
神奈川	県立秦野（公・共）	9月2日(金)・3日(土)
神奈川	法政大学女子（私・女）	9月24日(土)・25日(日)
神奈川	法政大学第二（私・共）	10月29日(土)・30日(日)
神奈川	山手学院（私・共）	10月1日(土)・2日(日)
神奈川	県立大和（公・共）	9月3日(土)・4日(日)
千葉	市川（私・共）	9月24日(土)・25日(日)
千葉	県立柏（公・共）	9月10日(土)・11日(日)
千葉	芝浦工業大学柏（私・共）	10月1日(土)・2日(日)
千葉	渋谷教育学園幕張（私・共）	9月11日(日)
千葉	昭和学院秀英（私・共）	9月11日(日)
千葉	専修大学松戸（私・共）	9月17日(土)・18日(日)
千葉	県立千葉（公・共）	9月17日(土)・9月18日(日)
千葉	県立東葛飾（公・共）	【Ⅰ部・部活動発表】9月3日(土) 【Ⅱ部・クラス発表】9月10日(土)・11日(日)
千葉	県立八千代（公・共）	9月10日(土)
千葉	県立薬園台（公・共）	9月10日(土)・11日(日)
埼玉	県立浦和（公・男）	9月10日(土)・11日(日)
埼玉	県立浦和西（公・共）	9月3日(土)・4日(日)
埼玉	県立大宮（公・共）	9月3日(土)・4日(日)
埼玉	県立川越（公・男）	9月3日(土)・4日(日)
埼玉	県立川越女子（公・女）	9月10日(土)・11日(日)
埼玉	県立熊谷（公・男）	9月3日(土)・4日(日)
埼玉	慶應義塾志木（私・男）	10月29日(土)・30日(日)
埼玉	県立越谷北（公・共）	9月10日(土)
埼玉	西武学園文理（私・共）	9月18日(日)・19日(月祝)
埼玉	立教新座（私・男）	10月29日(土)・30日(日)
埼玉	早稲田大学本庄（私・共）	10月22日(土)・23日(日)

（　）内表記は、国＝国立校、公＝公立校、私＝私立校。
共＝共学校、男＝男子校、女＝女子校、別＝別学校。
※弊誌に日程問い合わせが多い学校について掲載しています。
※日程につきましては、再度学校ホームページ等でご確認ください。

埼玉県立浦和《うらわ》高等学校

埼玉県
公立
男子校

浦高祭《うらこうさい》

2016
9.10 (SAT)~9.11 (SUN)

浦高祭の見どころ1 門 ▶

浦高祭のシンボルとも言える、正門前で来場者を迎える生徒手作りの門。毎年異なるものを文化祭実行委員内の門隊が５月ごろから４カ月かけて作りあげるまさに力作だ。門はくぐり抜ける内装部分もしっかり作り込まれているので、中も外も楽しめる。

浦高祭の見どころ2 趣向を凝らしたイベント ▼

浦高祭では多彩なイベントが盛りだくさん、浦高生が女装をするミスコンや、フィジカル面での強さを決める最強王、漫才グランプリなど、特色のあるおもしろいものばかり。ステージ発表も充実しており、おもなステージは体育館、校庭のメインステージ、中庭の３つがある。

浦高祭の見どころ3 生徒の熱意 ▲

毎年、男子校らしさを表す「漢《おとこ》」という字をテーマに取り入れている浦高祭。「今年のテーマは『漢朋之交《かんぽうのまじわり》』です。実行委員長としては浦高祭の企画すべてを見てほしいという気持ちがあります。テーマを目標に一丸となる生徒の頑張りを見に来てください」（笠原さん）。

生徒が一丸となって作る浦高祭の熱気を感じてほしい

第69回文化祭実行委員長 笠原《かさはら》 皓太郎《こうたろう》さん（高2）

「浦高祭には、毎年1万人以上が訪れます。お客さんは近隣の方々も多く、家族連れの姿もよく見られますね。文化祭実行委員では、幅広い年齢層に楽しんでもらえることを第一に考えて企画・運営を行っています。

一番めだつのは正門前に作られる「門」だと思います。生徒は作る過程を見ているので、できあがったときの感動も大きいです。

また、部活動の発表や、ミスコン、最強王をはじめとした文化祭独自の企画など、色々な発表やイベントが随所で行われている点も特徴です。そのほか、クラスや部活動の展示、食品を販売する店舗など、すべてにおいて企画段階から工夫を重ねています。

ぼく自身、中学生のときに浦高祭を見学し、活気にあふれた浦高生の姿に感動してこの学校を志望校に決めました。浦和高校を知るためにも文化祭に来てほしいと思います。

浦高祭の情報は、第69回浦高祭公式サイト（http://urakosai.net/）のほか、twitter とLINE@でも発信しています。」

第69回
浦和高校文化祭
浦高祭

9月10日（土）13:00～16:00
9月11日（日） 9:00～16:00

埼玉県立浦和高等学校

所在地
埼玉県さいたま市浦和区領家5-3-3

アクセス
JR京浜東北線「北浦和駅」徒歩10分

TEL
048-886-3000

URL
http://www.urawa-h.spec.ed.jp/

早稲田大学高等学院《わせだだいがく》

東京都
私立
男子校

学院祭《がくいんさい》

2016
10.8(SAT)～10.9(SUN)

学院祭の見どころ1 ステージ企画 ▶

ステージ班により装飾が施された屋外ステージ。そこで行われるのは、アイドルに扮装して踊る「学院μ's《ミューズ》」や本格的なダンスを披露する「天下一舞踏会」、女装してその美しさを競う「ギャルコン」など、個性的で楽しい演目ばかり。

学院祭の見どころ2 クラス企画 ▼

各学年・クラスが工夫を凝らすクラス企画。内容はさまざまで、昨年はコーヒーカップやカジノも。ほかにも、CMのパロディや映画の予告など、映像作品に取り組むクラスが多く、その凝った作品は必見！ クラスごとにTシャツも作っていて、来場者の投票で人気ナンバーワンを決定する。

画像提供：早稲田大学高等学院

学院祭の見どころ3 各クラブによる活動発表 ▲

鉄道研究部によるジオラマ展示、理科部の実験コーナー、ジャグリング同好会の演技披露など、文化部による企画も人気。吹奏楽部の企画では高1・高2が講堂、高3が屋外ステージと2班に分かれての演奏を楽しめる。サッカー部などの運動部では他校と招待試合を行うクラブも。

生徒の個性が反映された自由な雰囲気の学院祭

ステージ班長 高橋《たかはし》 知希《ともき》さん（高3）
アーチ班長 北村《きたむら》 太里《たいり》さん（高3）
学院祭実行委員長 礒部《いそべ》 卓治《たくじ》さん（高3）

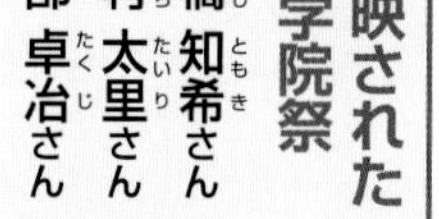

北村さん「学院祭では毎年テーマを決めていて、今年は『WILL アツい未来を変える意志』です。ぼくらの熱い気持ちを感じてもらいながら、親しみやすい文化祭をめざします。キャンパスツアーや第2外国語の体験授業なども行っていて受験生におすすめです。」

高橋さん「ぼくは小学生のときに学院祭に来て、そのころから実行委員に憧れていました。今年はステージ班長として、ステージ企画に出る団体の募集、審査を行っています。どの団体もレベルが高いですよ。学院祭は早大高等学院の自由な雰囲気を感じられる行事です。ぜひ体感しに来てください。」

礒部さん「毎年、学院祭には約1万人が訪れます。見どころはたくさんありますが、生徒の人柄も見どころの1つです。おもしろい人が多いので、来場したら積極的に生徒に話しかけてみてください。入学すると、学院祭後に高3だけが参加できる後夕《こうせき》祭もあります。」

第66回 学院祭

10月8日(土) 10:00～16:00
10月9日(日) 10:00～16:00

早稲田大学高等学院

所在地
東京都練馬区上石神井3-31-1
アクセス
西武新宿線「上石神井駅」徒歩7分
TEL
03-5991-4151
URL
http://www.waseda.jp/school/shs/

東大百景
トーダイってドーダイ!?

ケン坊おすすめ 各教科の勉強法

VOL.6　text by ケン坊

8月もなかばにさしかかり、夏休みも残すところあと2週間ほどですね。みなさん、宿題は計画的に進めていますか？　私は中学生のころ宿題をギリギリまで溜めてしまい、後悔したことをいまでもよく覚えています…。さて、受験生のみなさんは、この夏ごろから受験勉強が本格化してきたことでしょう。そこで今回は、私がおすすめする各教科の勉強法をご紹介します。

まずは国語（現代文）です。設問を解くときに、問題文の文章に書き込みをしながら読んでいきましょう。なにも書き込みがないと、設問を見たあと「これって問題文中のどこに書いてあったっけ」と再び全体を探し直すことになってしまいます。「だから」や「しかし」といった重要な接続詞に印をつけたり、形式段落ごとに簡単な見出しをつけたりして、どこになにが書いてあるか見失わないようにしてください。

数学は、解法のアイディアを蓄積しましょう。とくに難しい問題に関しては、「どのやり方で解けばいいか」を、ある種ひらめきに近い形で思いつけるかどうかが勝負のカギです。私はこのようなアイディアを思いつくことがどうにも苦手だったので、模試などの解説や数学ができる友達の解き方からアイディアをどんどん溜め込んでいきました。

英語で大切なのは、文法をしっかり押さえることです。配点が大きい長文をしっかりと読み込むためには、文法を正しく理解することが必要不可欠です。逆に単語については、難しい単語が出た場合は注釈がつくことが多いので、最低限のものを覚えておけば十分だと思います。

社会は地理・歴史・公民のどの分野においても、学んだことを自分の言葉で説明できるようにしておきましょう。重要単語を赤シートで隠して暗記するといった勉強法では、それぞれの出来事や項目の「つながり」が見えなくなってしまいます。「つながり」をつかむためにも、覚えたことを自分の言葉で説明できるまで、何度か練習をしてみましょう。

最後に理科です。「なぜそうなるのか」といった仕組みを理解しないまま、ただ暗記しようとすると、応用問題に対応しきれません。計算式を立てるときなども、自分でそれがなにを表しているのかをしっかり理解することをおすすめします。これは化学や生物など、どの分野にも共通して言えることです。

今月のすごい東大生

受験を極めた プロ劇団員

今回はちょっと変わり種な人物、同じクラスのEくんを紹介します。東大では入学時、中高と同じようにクラス分けがなされます。入学間もない時期に懇親のためのクラス合宿があり、Eくんともう1人の友だちと私の3人で夜中にこっそり宿を抜け出して近くの山へ遊びに行き、あとで周りにしこたま怒られたことがきっかけで仲良くなりました。

彼はまず経歴がものすごいです。中学受験で灘中に合格、中高一貫校のためそのまま灘高に進学するかと思いきや、高校受験で開成に入学。そして現役で東大生になったという、いわば受験マスターなのです。高校時代、演劇部だった彼は東大入学後も演劇への情熱が冷めやらず、演劇サークルに入部。それでも満足できなかったのか、2年生ごろからなんとプロが所属する本物の劇団に参加して修行を始めたのです。現在もその劇団で活動しており、私もたまに公演を見に行くのですが非常にレベルが高いです。受験を制覇しながらも演劇に全力を注ぐ彼の将来はいったいどうなるのか、楽しみです。

真の文武両道を追求しよう!

平成28年度・大学合格者数

一橋大・北海道大・東北大 合格

国公立大	54名	早慶上理	85名
医歯薬看護	65名	G-MARCH	191名

2部活が世界大会出場! 女子バレー部、パワーリフティング部
4部活が全国大会出場! 吹奏楽部,水泳部,陸上競技部,パワーリフティング部
4部活が関東大会出場! 野球部,アーチェリー部,男子バレー部,陸上競技部

◆入試説明会(予約不要)◆

(10:00～11:30)

9月10日(土) 9月24日(土)
10月16日(日) 11月12日(土)

◆ナイト説明会(予約不要)◆

(19:00～20:00)

8月30日(火) 会場:春日部ふれあいキューブ
(春日部駅西口より徒歩3分)
9月20日(火) 会場:越谷コミュニティセンター
(南越谷駅より徒歩3分)

◆個別相談会(完全予約制)◆

＊予約受付はHPにてご案内しています
(9:00～12:00、13:00～15:00)

10月23日(日) 10月30日(日)
11月20日(日) 11月26日(土)
11月27日(日) 12月10日(土)
12月18日(日)

◆入試日程◆

<第1回入試> 1月22日(日)
<第2回入試> 1月24日(火)
<第3回入試> 2月 1日(水)

＊日程は予定ですので、HPなどでご確認のうえ、ぜひお越し下さい。

春日部共栄高等学校

〒344-0037 埼玉県春日部市上大増新田213 ☎048-737-7611
東武伊勢崎線春日部駅西口からスクールバス(無料)で7分
http//www.k-kyoei.ed.jp

SCHOOL EXPRESS

埼玉県立大宮高等学校

Ohmiya Senior High School

埼玉県　さいたま市　共学校

「チーム大宮」をスローガンに高みをめざして大きく成長する

埼玉県立大宮高等学校は、生徒・教師が一丸となった「チーム大宮」として、学びあい、励ましあい、支えあいながら学校生活を送ることができる学校です。好奇心を刺激する多彩なプログラムやきめ細かい進路指導など、魅力ある教育活動を展開し、難関大学へのすばらしい合格実績を出しています。

渡辺《わたなべ》 春美《はるみ》 校長先生

3つの重点目標を掲げトップリーダーを育成

埼玉県立大宮高等学校（以下、大宮高）は、1951年（昭和26年）、男子校の埼玉県大宮第一高等学校と女子校の大宮女子高等学校が統合し、男女別学制の学校としてスタートしました。その後、1991年（平成3年）には理数科（男女共学1クラス）が設置され、2010年度（平成22年度）からは普通科でも男女共学制が導入されました。

大宮高がめざすのは「勉強と部活動等の両立の実践と自主自律の精神の涵養《かんよう》により、高い志と強い使命感を持ったトップリーダーを育成する学校」です。この学校像を実現するために掲げられているのが「豊かな人間性と創造性を備えた人材を育成する」「学力の向上を図り、生徒の第一志望の進路を実現する」「安心して通える学校づくりと積極的な情報公開により、県民の期待や信頼に応える」という3つの重点目標です。

大《おお》高《こう》祭

大縄跳びや綱引き、応援合戦などで盛りあがる体育祭。開場待ちの列ができるほど多くの人が来場する文化祭。大宮高では、この2つの行事を合わせて「大高祭」と呼びます。

体育祭

文化祭

渡辺春美校長先生は「私が職員そして生徒によく話しているのは、私たちはチャレンジャーであるということです。なにごとにもつねにチャレンジする精神を持たなければ、その先の進歩はありません。そして、高みをめざす、ということも伝えています。その際に紹介しているのが、宇宙飛行士のエリソン・オニヅカさんという日系人が残した『すべての人は、次の世代のためにさらなる高みに向かって、努力し続ける責任がある』という言葉です。自分のために頑張るのはもちろん、リーダーとして、次の世代のために頑張り続ける責任があるということを自覚して、社会に貢献できる人になってほしいと思っています」と語られました。

普通科と理数科を設置 質の高い授業を展開

大宮高には、「普通科」と「理数科」の2つの科が設置されています。どちらの科も2週を1サイクルとする時間割が組まれ、1時限65分の質の高い授業が展開されています。

「本校は授業を第一としています。1時限65分ですが、一般的な50分授業の2コマぶん、100分の内容を凝縮して65分で行うようにと教員には伝えています。一方生徒には、入学後すぐに本校での学びについてしっかりと指導しています。高校での勉強は、ただ座って授業を聞くだけでは力はつきません。きちんと予習をしてから授業に臨むことが大切です。」（渡辺校長先生）

「普通科」のカリキュラムは、1年次が共通履修で、2年次は社会（日本史もしくは地理）と理科（物理もしくは地学）で選択科目が用意され、ゆるやかに文系・理系に分かれます。3年次からは文系クラスと理系クラスが設置されます。各教科での内容の濃い授業に加え、物理や生物を英語で学ぶといった特色ある学びも行われています。

「理数科」は理数系科目を重視した専門性の高いカリキュラムが組まれています。2年次には課題研究が設定され、科学や数学に関するテーマについて個人やグループで研究し、校内や外部で発表会を行います。

「理数科は1クラスのみですが、教室の位置を校舎の真ん中にして、普通科の生徒とも交流しやすいように工夫しています。理数科はOBとのつながりが強く、独自のOB組織もあります。毎年6月には、高3に向けてOB主催の受験相談会が開催され、受験勉強のコツや進路選びのアドバイスなど色々なことを教えてもらっています。」（渡辺校長先生）

テストで学力を把握 高3には学習合宿を実施

授業を第一とする大宮高では、授業の内容がどれだけ生徒に定着しているかを見るために、定期テストなどが有効に使われています。

定期テストは、5月、7月、10月、12月、3月（高1・高2のみ）の年間5回です。

定期テストに加え、長期休業明けの4月、9月、1月には、休業中に出された課題の内容などが身についているかどうかをみる「大高テスト」（高3は実力テスト）もあります。

こうしたテストで生徒の学力を把握するとともに、面談を定期的に行い、1人ひとり丁寧に指導します。学習進度が遅れがちな生徒には、必要に応じて補習をするなど、サポート体制も整えられています。

また、夏季休暇中には、高3を中心に夏期講習が実施されます。

高3には希望者を対象とした学習合宿も用意されています。生徒は個々に問題集などを持参し、自学自習を基本に、1日約10時間半勉強します。主要5教科の担当教員も同行するので、わからないところがあれば自由に質問できます。毎年、半数以上の生徒が参加しています。

好奇心を刺激する多彩なプログラム

大宮高では、生徒の好奇心を刺激するために、さまざまなプログラムを用意しています。

まず、入学してすぐに行われるのがオリエンテーションキャンプです。大宮高では「チーム大宮」というスローガンを掲げ、「学びあい、励ましあい、支えあい」を大切にしています。「勉強や学校生活がうまくいかないとき、友だち同士で支えあえる、そんな関係が必要だと思います。そのためには仲間作りが重要です」と渡辺校長先生が話されるように、オリエンテーションキャンプでは、校歌の練習やビブリオバトル、レクリエーションなどを行いながらクラスや学年の仲を深めていきます。

ほかにも「東大研究室訪問」や「大学セミナー　東京大学大学院教授等による講演会」「理化学研究所見学会」などが実施されています。

「将来の進路が早く定まった生徒には、できるだけ早い段階から世界に目を向けてほしいと思っているので、最先端の研究に触れられる機会を設けています。」（渡辺校長先生）

国際理解教育としては、姉妹校であるドイツのルドヴィッヒ・ライヒハート・ギムナジウムとの短期・長期プログラムがあります。どちらも隔年交流で、短期は夏季休暇中に15名の生徒が2週間、長期は1名が短

学校生活

「東大研究室訪問」などの多彩なプログラムで生徒の好奇心を引き出し、1時限65分の質の高い授業で学力を養います。放課後には、校内で自習する生徒の姿が多く見られ、とくに職員室前に作られた自習スペースが人気です。

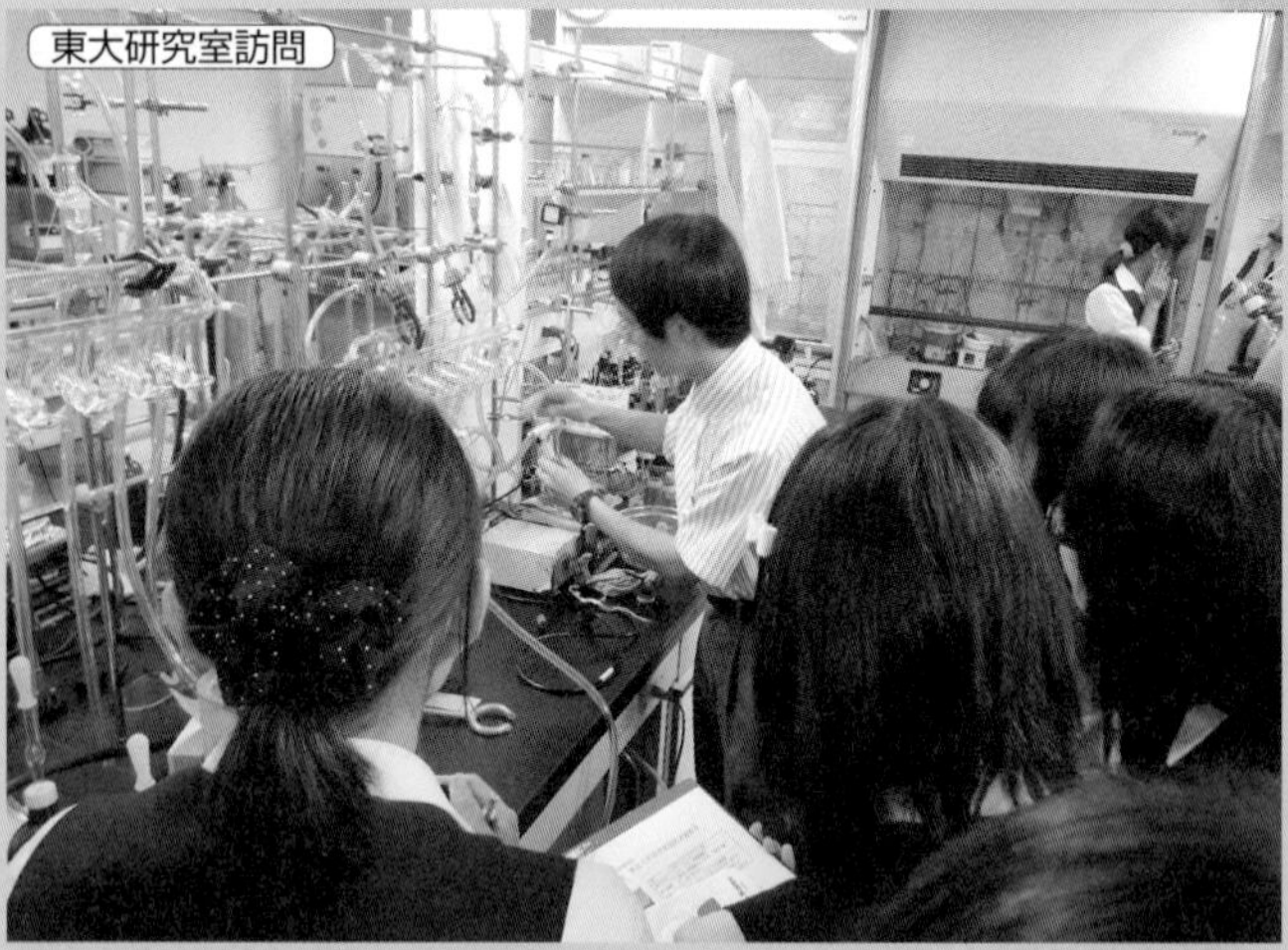
東大研究室訪問

授業

理数科課題研究発表会

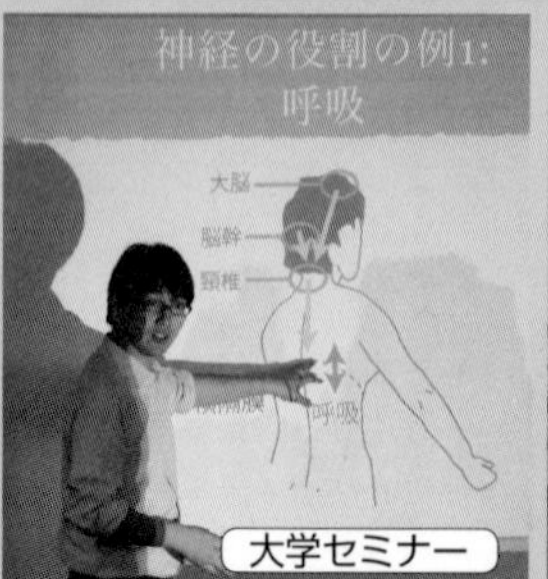

大学セミナー

職員室前の自習スペース

国際交流

国際交流では、ドイツの学校と交流を行っています。隔年でお互いの土地を訪れ、生徒の家にホームステイをしながら、学校の授業も受けます。参加した生徒の感想などは廊下に張り出されています。

国際交流

国際交流の記録

行事

仲間作りをするオリエンテーションキャンプ、沖縄を訪れる修学旅行、自学自習で学力を伸ばす学習合宿と、さまざまな行事があります。

オリエンテーションキャンプ

修学旅行

学習合宿

期プログラム終了後もドイツに残り、半年間を過ごします。

受験は団体戦
丁寧な進路指導が魅力

毎年、難関国公立大や難関私立大へ多くの合格者を輩出する大宮高。受験を団体戦ととらえ、生徒と教員が一丸となって取り組んでいます。

進路指導では、「学習の手引き」「進路・面談ノート」「進路資料」など、独自に作成した冊子を使用しながら、担任団と各教科の担当教員が連携をはかり、1人ひとりの生徒に合わせた指導が行われています。

そのほかにも、「難関大入試分析」という冊子が作られ配付されていることも特徴です。これは、東京大や早稲田大、慶應義塾大といった難関大学の入試問題を教員が分析し、普段の授業で学んだことを使って、問題にどうアプローチしていくかをまとめたものです。

「チーム大宮」として、日々の教育活動に意欲的に取り組んでいる埼玉県立大宮高等学校。最後に渡辺校長先生から読者のみなさんにメッセージをいただきました。

「本校では、物事に対して頑張ろうという気持ちを持てる生徒さん、周りの人に心を開いて友情を育み、みんなといっしょに伸びていけるような生徒さんを待っています。

なお、来年度から埼玉県の公立高校入試が変更されます。標準的な問題と応用的な問題の2種類が作られ、学校ごとにどちらの問題を使用するか選ぶ形になります。本校の入試では、応用的な問題を出題します。」（渡辺校長先生）

School Data

所在地	埼玉県さいたま市大宮区天沼町2-323
アクセス	JR京浜東北線・高崎線・東北本線「さいたま新都心駅」徒歩10分
生徒数	男子622名、女子552名
TEL	048-641-0931
URL	http://www.ohmiya-h.spec.ed.jp/

2学期制　週5日制
月～金5時限、土曜3時限（年間17回）
65分授業
1学年9～10クラス（普通科8～9クラス、理数科1クラス）
1クラス約40名

2016年度（平成28年度）大学合格実績（ ）内は既卒

大学名	合格者	大学名	合格者
国公立大学		私立大学	
東北大	8(4)	早稲田大	143(37)
筑波大	23(5)	慶應義塾大	49(16)
東京大	13(7)	上智大	33(3)
東京外国語大	6(0)	東京理科大	133(52)
東京学芸大	8(0)	青山学院大	33(5)
東京工業大	15(6)	中央大	81(27)
一橋大	8(3)	法政大	84(19)
千葉大	14(4)	明治大	169(33)
お茶の水女子大	8(1)	立教大	101(12)
京都大	3(0)	学習院大	20(5)
その他国公立大	85(27)	その他私立大	522(113)
計	191(57)	計	1368(322)

School Navi No.237

東京都　調布市　女子校

桐《とう》朋《ほう》女《じょ》子《し》高等学校

School Data

所在地	東京都調布市若葉町1-41-1
生徒数	女子のみ1357名
TEL	03-3300-2111
URL	http://www.toho.ac.jp/chuko/
アクセス	京王線「仙川駅」徒歩5分、小田急線「成城学園前駅」、JR中央線・京王井の頭線「吉祥寺駅」、JR中央線「三鷹駅」バス

独自の教育で育てる「時代を創る女性」

桐朋女子高等学校（以下、桐朋女子）は、「こころの健康　からだの健康」という教育理念のもと、さまざまなことに積極的に取り組める学校です。学校行事や部活動で人間性を育み、学力を伸ばすことで、生徒の「生きる力」を養い、自立して自らの人生を歩んでいける女性を育てています。

生徒が作成する時間割　工夫が凝らされた授業

桐朋女子では、高1でバランスよく各教科の基礎を学び、高2・高3では、多くの自由選択科目のなかから、個々の進路や関心に合わせて生徒自身が科目を選び、個々に時間割を作ります。

自由選択科目は、実際に子どもたちと触れあいながら子どもを取り巻く環境について知る家庭特講Ⅰ、ゲストスピーカーを招いたり学外へ飛び出したりして学ぶ総合社会特講、年間を通じてデッサンを行い講評を受ける素描特講など多彩です。ほかにも長期休暇を使って野外実習やキャンプ実習、実験実習、スキー実習を行う科目もあります。

こうして自ら学ぶ教科を選び、多様な授業を受けられることが、生徒の意欲的な学習姿勢を育て、学力向上へとつながっていくのでしょう。

DLPで育成する　これから必要とされる力

「時代を創る女性の育成」をめざし、これからの時代に求められる論理的思考力や発信力を育てる桐朋女子。そのために行われているのが「デュアル・ランゲージプログラム（DLP）」です。「ことばの力の育成」「世界を読み解く力の育成」「高度な英語発信の実践」の3つを柱に、さまざまな取り組みが行われています。

その一例をご紹介すると、つくば言語技術教育研究所と連携した「言語技術教育」、放課後にネイティブスピーカーの教員が行う「英会話教室」、英語のプレゼンテーション力を身につける「英会話シャワー」、アメリカ人の中高生とともに大学教授から指導を受ける「米国夏季研修」などがあります。今後もさらにプログラムが充実していく予定で期待が寄せられます。

趣向を凝らした授業、これからの時代に必要とされる力を育てるDLPなど、独自の教育で生徒を伸ばす桐朋女子高等学校です。

School Navi No.238

埼玉県　北足立郡　共学校

国際学院高等学校《こくさいがくいん》

School Data

所在地	埼玉県北足立郡伊奈町小室10474
生徒数	男子529名、女子327名
TEL	048-721-5931
URL	http://jsh.kgef.ac.jp/khs/
アクセス	埼玉新都市交通伊奈線ニューシャトル「志久駅」徒歩12分、JR高崎線「上尾駅」・JR宇都宮線「蓮田駅」スクールバス

世界に目を向けた教育を実践

建学の精神に「誠実・研鑽《けんさん》・慈愛・信頼・和睦」を掲げる国際学院高等学校（以下、国際学院）。自然に囲まれた広々としたキャンパス内に、今年、新校舎が完成しました。

設置コースは全部で5つ。有名国公立大・最難関私大の現役合格が目標の「アドバンスコース」、国公立大・難関私大をめざす「セレクトコース」、有名私大をめざし、部活動との両立に励む「選抜進学コース」、中学時代のつまずきを解消しながら大学進学をめざす「進学コース」、調理技術や専門知識を学び、卒業と同時に調理師免許が取得できる「食物調理コース」です。

基礎学力を定着させる独自の学習メソッド

国際学院では、「国際メソッド」と称した学力向上プログラムが実施されています。

国数英の主要3科目では毎回宿題を課し、社理を加えた主要5科目では単元ごとに小テストを行うことで、基礎学力を着実に身につけさせます。そして、毎朝実施する「早朝ワーク・朝テスト」、放課後や土曜の講習などを通して学力を高め、定期試験や模擬試験、各種検定（英検・漢検など）に臨みます。この流れを繰り返すことによって、希望進路の実現をめざしていきます。

また、「産業社会と人間」、「人生と社会」という授業では、自分の生き方を考え、社会とのかかわり方を学ぶために、事業所訪問や未来の履歴書作成、校長先生をはじめとする人生の先輩の話を聞きます。

そんな国際学院の最大の特徴は、ユネスコスクール認定校であることです。２０１０年（平成22年）、埼玉県内の高校では最初に認定されました。「地球規模の諸問題を解決できる人材」を育成するため、エコキャップ運動といった環境教育に取り組むとともに、ユネスコスクールとしてのネットワークを活用して、さまざまな国と交流しています。

さらに、留学生を定期的に受け入れ、「世界異文化学習会」や各国の食文化を学ぶ講習会を開催。高2ではカナダで実施する「海外研修」もしくは「語学研修」に参加します。海外研修は異文化理解、語学研修は語学力向上がおもな目的です。

世界とふれあう機会を大切にする国際学院高等学校は、グローバルに活躍できる人材を育成し続けることでしょう。

千葉県　私立　共学校

市《いち》川《かわ》高等学校

ICHIKAWA HIGH SCHOOL

FOCUS ON

新たな時代を生きぬくためのリベラルアーツ教育を実践

市川学園は、2017年（平成29年）に創立80周年を迎えます。アクティブラーニングをサポートする教育環境の整備を進めると同時に、世界で活躍できるリーダーの輩出をめざす特徴ある取り組みを実施。生徒たちが色々なことに挑戦できる学校として注目を集めています。

宮崎《みやざき》　章《あきら》 校長先生

School Data

所在地
千葉県市川市本北方2-38-1

アクセス
京成線「鬼越駅」徒歩20分、JR線・都営新宿線「本八幡駅」、JR線「市川大野駅」・「西船橋駅」バス

TEL
047-339-2681

生徒数
男子789名、女子493名

URL
http://www.ichigaku.ac.jp/

- 3学期制
- 週6日制
- 月～金6時限、土曜4時限
- 50分授業
- 1学年11クラス
- 1クラス約40名

創立以来学園を支える３つの建学の精神

市川学園は、中学校が１９３７年（昭和12年）、高等学校が１９４８年（昭和23年）に開校しました。２００３年（平成15年）に現在地へ移転し、新校舎竣工とともに男子校から男女共学校となりました。

創立者の古賀米吉先生が唱えた「独自無双の人間観」、「よく見れば精神」、「第三教育」の３つが建学の精神として市川学園を支え続けています。

このなかでも一番特徴的と言えるものが「第三教育」です。市川学園では、「家庭で親から受ける第一教育、学校で学ぶ第二教育に対し、自ら意欲的・主体的に学ぶ第三教育こそが生涯続く学びの力」と考え、自分で自分を教育する「第三教育の力」（自学力）を磨くことが重視されています。

そして、建学の精神を基本としながら、「真の学力」、知に立脚した「教養力」、論理的思考のできる「科学力」、グローバル社会に対応できる「国際力」、品格と徳を実践する「人間力」の５つの力を養成する「リベラルアーツ教育」を実践。新しい時代に対応可能な能力を育むことのできる学校です。

探究心が養われる学校独自プログラム

市川高等学校（以下、市川高）には、市川中から進学してくる内進生と高校受験を経て入学する高入生が在籍します。１年次は学習の進度差が配慮され、内進生と高入生は別クラスで学びます。

２年次からは混合クラスとなり、生徒の進路希望によって「理系選抜」、「理系」、「文系選抜」、「文系」に分かれたクラス編成となります。

３年次はさらに１つ増え、「理系選抜」、「理系」、「国立文系選抜」、「国立文系」、「私立文系」の５つに分かれます。

長期休暇中の講習も充実しています。夏休みには国・数・英・社・理の主要５教科を中心に全学年で夏期講習が実施されています。講習への参加は自由ですが、毎年ほとんどの生徒が受講しています。

内容は、基本事項の確認から大学別ゼミまで幅広く用意されているのも魅力です。

また、夏休みや冬休みには外部施設を利用した「勉強合宿」も行われ、こちらも多くの生徒が参加しています。

学校行事

市川高は、２００９年度（平成21年度）からＳＳＨ（スーパーサイエンスハイスクール）に指定され、現在では第２期を迎えています。

市川高のＳＳＨでは、高２の理系の生徒全員が１年間かけて「市川サイエンス」と名づけられた課題研究に取り組む点が特徴です。テーマ設

なずな祭（文化祭）

Thank The Year　コンサート

高２沖縄修学旅行

高１敬和寮入寮研修

市川高では行事も充実。高１の生徒が学内の寮で３泊４日の宿泊研修を行う「敬和寮入寮研修」や、音楽系の部活動による「Thank The Yearコンサート」など、特色ある行事もめだちます。

定から始め、実験を重ねるなど、それぞれ研究を進めていきます。その成果を発表する場は中間発表も含めて年に3回あり、プレゼンテーション能力も育まれます。

優秀な研究を行った生徒が外部のコンテストに参加し、発表する機会も増えています。

文系の生徒へは、「LAゼミ（リベラルアーツゼミ）」があります。これは、高2の文系の生徒が学ぶ少人数授業で、1テーマ10回のゼミを前期・後期どちらかで1つ受講します。

「文系の生徒にも主体的に学ぶ機会を用意するために、昨年から始まったものです。英語・社会・芸術分野などのテーマをそれぞれ10名前後の生徒が受講しています。

また、選択講座『市川アカデメイア』も特色ある取り組みです。希望者を対象に放課後に行われる講座で、哲学・社会科学の古典作品をテキストとし、自由に議論を交わす対話型セミナーです。今年は60名程度が参加しています。こちらは文系だけでなく理系の生徒もいます。対話により理解と教養を深め、表現力やコミュニケーション能力を育んでいく講座で、最後には論文も執筆します。」（宮﨑校長先生）

市川高の教育

リベラルアーツを掲げる市川高では、生徒の知的好奇心を刺激するさまざまな独自の教育プログラムが用意されています。

LAゼミ

市川アカデメイア

オックスフォード大海外研修

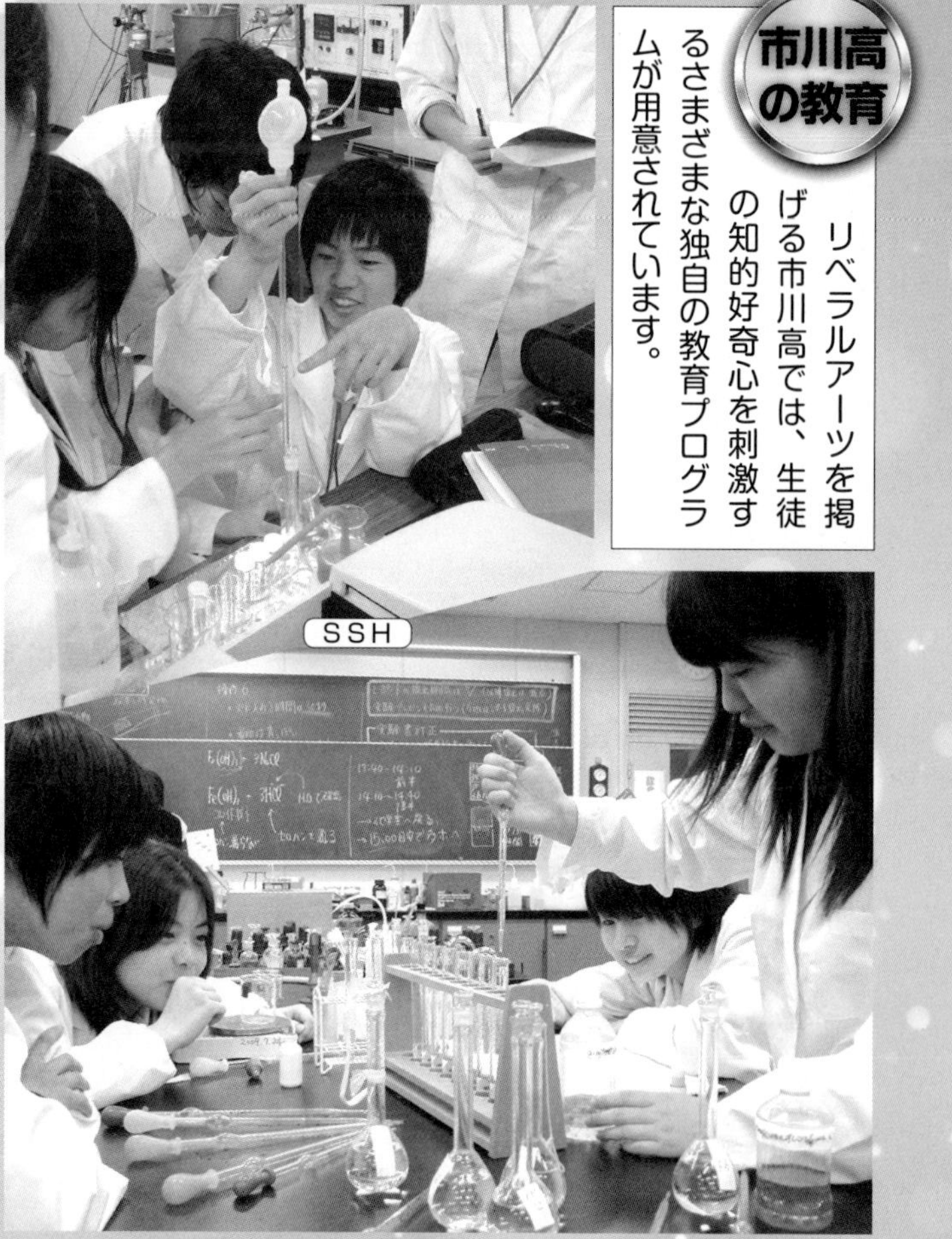
SSH

アクティブラーニングや国際教育への新たな展開

現在、市川高では「ALICEプロジェクト」が進められています。これは、「Active Learning for ICHIKAWA Creative Education」を略したもので、「市川学園の創造的な教育のためのアクティブラーニング」という意味です。

その一環としてアクティブラーニングに最適な教育環境・マルチルームが作られました。宮﨑校長先生は、「2面の電子黒板機能つき高輝度プロジェクター、生徒1人1台のタブレット端末、10枚の多機能ホワイトボード『まなボード』が装備されている教室です。生徒が自発的に考え、意見を述べ、表現し、発表し、批評する。こうした力を育成するための部屋として、さまざまな教科で活用しています」と説明されました。

国際理解教育でも新たなプログラムが始まっています。従来の英国研修（ケンブリッジ大、オックスフォード大での海外研修）に、イートン校への研修が加わりました。参加は希望制で、約20名がイートン校の寮で19日間を過ごします。

3年目を迎えた「エンパワーメント・プログラム」も生徒に人気です。

これは、カリフォルニア大などの大学生を講師に招いて、5日間にわたって英語でディスカッションするプログラムです。生徒5〜6名に1名の講師がつき、議論の進め方やプレゼンテーションの手法を学びます。「エンパワーメント・プログラムは、国内にいながら国際交流体験ができる点が好評で、今年は94名の生徒が参加します。そのほかにも、官民協働の海外留学支援制度『トビタテ！留学JAPAN』への応募を推奨するなど（市川高からは昨年3名、今年6名が合格）、国際理解教育の場を多く設けています。」（宮崎校長先生）

海外大学進学への進路指導を展開

キャリア教育でも海外に目が向けられています。

『海外大学進学説明会』は今年で3回目です。『留学フェローシップキャラバン隊』という、日本の進学校から海外の有名大学へ進んだ大学生が日本全国を巡回し、高校生向けに海外大学進学の実際を話すプロジェクトがあり、これを市川高で行ってもらっています。本校では、この講演に刺激を受けて海外大学進学をめざし、見事に実現させた生徒が出ていますし、今年の海外大学への合格者数は22名と、実績にも表れてきています。」（宮崎校長先生）

教育環境

第三教育センター

マルチルーム

総合グラウンド

自習室

國枝記念国際ホール

生徒の能動的な学習をサポートする「マルチルーム」、蔵書12万冊の図書館「第三教育センター」、昨年完成した人工芝の「総合グラウンド」など、すばらしい教育環境も市川高の魅力です。

多彩なプログラムによる新機軸が打ち出されている市川高。2017年度（平成29年度）入試では、内容にも大きな変更があります。前期一般試験の入試科目が、従来の3教科から、5教科（国語・数学・英語・社会・理科）となります。

宮崎校長先生へ、市川高を志望する方へのメッセージを伺いました。

「本校では、自分の夢は譲らない『挫折禁止』がスローガンです。自分の本当の可能性を探したいというチャレンジ精神のある方に来てほしいですね。色々なことがやれる環境を用意している学校ですから、それを活かせる生徒さんを待っています」と笑顔で話されました。

2016年度(平成28年度)大学合格実績抜粋 ( )内は既卒

大学名	合格者	大学名	合格者
国公立大学		私立大学	
北海道大	9(4)	早稲田大	135(45)
東北大	8(3)	慶應義塾大	110(35)
筑波大	19(4)	上智大	40(10)
千葉大	43(6)	東京理科大	131(58)
お茶の水女子大	4(0)	青山学院大	25(6)
東京大	13(5)	中央大	61(25)
東京工大	13(3)	法政大	89(38)
東京外大	7(1)	明治大	167(62)
東京学芸大	3(2)	立教大	100(22)
一橋大	8(3)	学習院大	20(5)
横浜国立大	13(5)	国際基督教大	8(1)
京都大	3(0)	海外の大学	22(0)

夏休み中に自分の学力を確認し 2学期以降の課題を見つけよう

**夏休みも残りあとわずか。
前回、学習計画の立て方についてお話ししましたが、
みなさんは実行できているでしょうか。
計画通り順調に勉強を進めている人も、油断は禁物です。
３年生は受験モードが本格化する秋に向けて、さらに実践しておくべきことがあります。**

和田式教育的指導

まずは夏休みの学習の進捗状況をチェック

夏休みが終わると、いよいよ2学期が始まります。そうすれば、模擬試験を受ける機会が増えるなど、3年生は受験モードが本格化するでしょう。夏休みがおおむね終わったといえる8月20日あたりから終盤にかけては、2学期からの勉強の重要な準備期間となります。

この時期、最初にするべきことは、夏休みにおける学習計画の進捗状況の確認です。計画通り進んでいるのか、それとも遅れている内容があるのか、自分でしっかり把握しましょう。

また、夏休み中に勉強した内容を一度テストしてみてください。計画通り勉強していたとしても、それがきちんと身についているのか、確認することが大切です。

志望校の過去問を解きあと何点必要かを知る

もう1つ、必ずしてほしいことは、現時点での学力の確認です。自分のいまの課題がなんなのかを知ることで、2学期以降の学習計画が立てやすくなります。

自分の学力を確認する手段としておすすめなのは、志望校の過去問を解いてみることです。例えば、５教科で５００点満点中２８０点取れたとします。その学校の合格者の最低点が３５０点だとすれば、あと70点足りないということになります。

合格者の最低点というのは、毎年そう大きく変わることはありませんので、入試本番までにその70点をどうやって伸ばすかを考えることが、今後の受験勉強の課題となるわけです。「偏差値をあげたい」「苦手科目をなくしたい」といった漠然とした課題より、「あと何点伸ばしたい」といった具体的な課題を掲げた方が、より合格に近づけます。

ちなみに、合格者の最低点が５００点満点中３５０点のテストで、１５０点も取れなかったとしたら、どうでしょう。その場合、志望校そのものを考え直した方がいいかもしれません。夏休みが終わる前に、志望校についてもめどをつけておくことが大事です。

和田秀樹

1960年大阪府生まれ。東京大学医学部卒、東京大学医学部附属病院精神神経科助手、アメリカのカールメニンガー精神医学校国際フェローを経て、現在は川崎幸病院精神科顧問、国際医療福祉大学大学院教授、緑鐵受験指導ゼミナール代表を務める。心理学を児童教育、受験教育に活用し、独自の理論と実践で知られる。著書には『和田式　勉強のやる気をつくる本』（学研教育出版）『中学生の正しい勉強法』（瀬谷出版）『［改訂新版］学校に頼らない和田式・中高一貫カリキュラム』（新評論）など多数。初監督作品の映画「受験のシンデレラ」がモナコ国際映画祭グランプリ受賞。自身原作の『受験のシンデレラ』はNHK BSプレミアムにてドラマ化（7月10日より放映）。

Hideki Wada

科目ごとの課題もおのずと見えてくる

志望校の過去問を解くことで、もう1つ見えてくることがあります。それは、科目ごとの課題です。結果を見れば、「社会科の覚えが足りないな」「理科は計算問題ができていないな」など、さまざまなことがわかるでしょう。

とりわけ、夏以降は社会や理科など、暗記科目で点数をあげていくのが賢いやり方であるといえます。入試直前に覚えた方が忘れにくいからです。あと何点くらいならあげられるか、算段をつけておくといいでしょう。

もちろん、主要科目の国語・数学・英語においても、「漢字のミスが多いな」「もっと英単語を覚えないと」など、色々な課題が見つかるはずです。

こうした課題を、夏休み終了までに把握し、2学期のスタートとともに新たな一歩を踏み出してください。

和田先生のお悩み解決アドバイス

QUESTION

成績があがらずとても心配で食欲が出ません

ANSWER

落ち込むときは得意科目をやろう

勉強を頑張っているのに、思うように成績があがらず、心配で食欲さえも落ちてしまう。受験勉強中にそういったうつ病に似た症状が見られたら、いわゆる「受験うつ」かもしれません。

そういうときは、ひとまず得意科目だけを勉強しておけばいいと思います。苦手科目を、「克服しなければならない」「1点でもあげなければいけない」などと考え、いやいや勉強している限り、なかなかうつ症状から抜けられません。

得意科目でもできないところが出てくることがあるかもしれませんが、落ち込まなくても大丈夫。「受験前に弱点を見つけられてラッキー」と考えましょう。

この「受験うつ」は、多くの受験生が経験します。とはいえ、長い間続くものではありません。長くても1～2カ月、早ければ1～2週間で終わるでしょう。その間、食欲がなくてもタンパク質やブドウ糖は摂取するようにしましょう。とくにアイスクリームがおすすめです。

教えてマナビー先生！

世界の先端技術

pick up!!

割れないガラス

▶マナビー先生 プロフィール

日本の某大学院を卒業後、海外で研究者として働いていたが、和食が恋しくなり帰国。しかし科学に関する本を読んでいると食事をすることすら忘れてしまうという、自他ともに認める“科学オタク”。

落としてもたたいても割れない 鉄の強さを持つガラスができた

ドラえもんの漫画でよく出てくるのが、ジャイアンが打ったボールがよその家のガラスを割るシーンだ。小学生の打ったボールが当たっただけでガラスは割れてしまうほどだから、ガラスは簡単に壊れてしまう素材だっていうことは、みんな知ってるね。

今回紹介するのはそんなガラスの常識をくつがえすような強いガラスの話だ。

長い間割れにくいガラスが求められてきた。とくに薄いガラスにしたときに強い強度を持ったガラスが必要とされてきたんだ。

スマートフォンを落としてしまうと、画面をおおっているガラスに、すぐヒビが入ってしまうよね**【下写真】**。残念な思いをしている人も多いんじゃないだろうか。

スマホだけでなく、窓ガラスや車のガラスにしても、もっともっと強いガラスがあればな、とずっと求められてきたんだ。

そんな要求に合うガラスを開発しようと取り組んできた東京大学生産技術研究所の増野敦信先生たちの研究チームが、ついに鋳鉄《ちゅうてつ》や鋼《はがね》並みの弾性率を持ったガラスを創り出した。

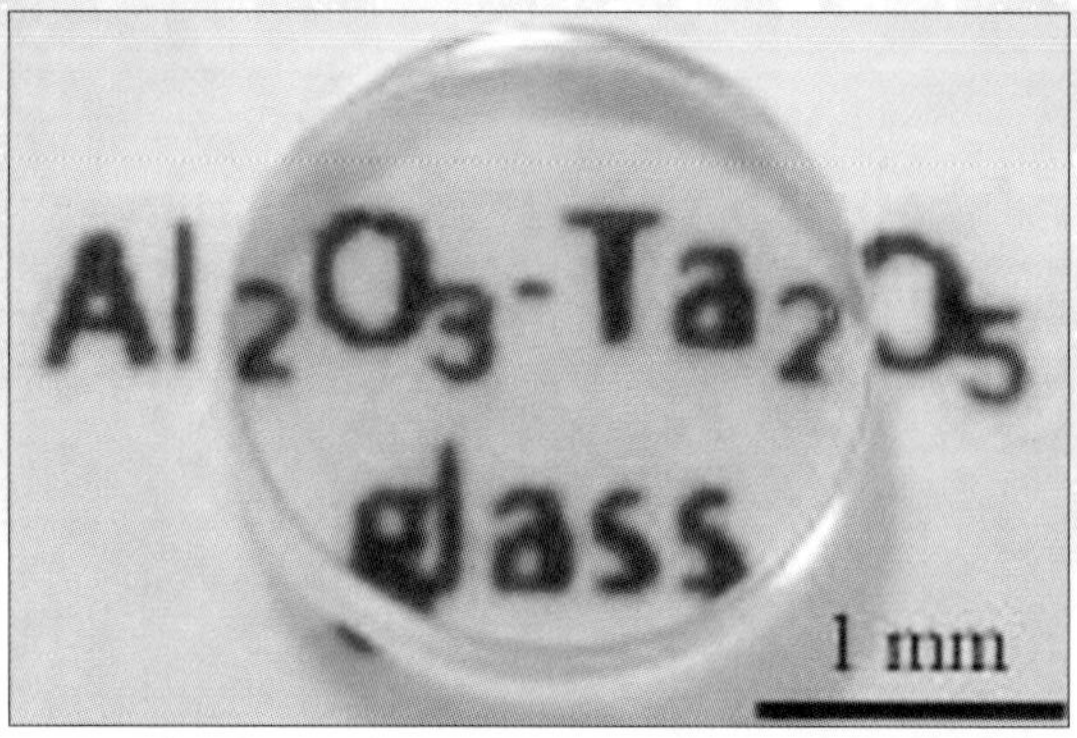

合成に成功した無色透明のガラス（出典：東京大学）

弾性率とは、物質が伸びる性質のことだ。ガラスが簡単に割れてしまうのは、力を加えたときに曲がったり、伸びたりする性質が小さいため、壊れてしまうからだ。これを「破断」という。割れたガラスを見ると、鋭い断面をしているよね。これは、弾性率が小さい証拠の１つなんだ。

増野先生たちは、これまではガラスの材料にはできないと考えられてきた酸化アルミニウムと酸化タンタルという物質を、特殊な生成法を使ってガラスにすることに成功したんだ。組成を電子顕微鏡で調べてみると、アルミニウムとタンタルの原子が均一に分布していることがわかったそうだ。研究者たちは、アルミニウムのこの構造が弾性率を高めた要因だと推測しているよ。

新しいガラスを使って、すごく強いけれども透明というガラスの特徴を活かした構造物などができるといいね。ボールが当たったぐらいでは窓が割れなくなると、漫画のシーンも変わるかもしれないなあ。

教育評論家 正尾佐の

高校受験指南書

国語 【百十七の巻】不得意頻出問題2

「不得意頻出問題」シリーズの2回目は国語にしよう。国語で苦手な分野といえば、古文をあげる人が多い。とくに難関校を志望している人がめだつ。

そこで、今号では東京学芸大附属の古文問題を取り上げることにするが、難関校だけあって、かなり難しい。だが、めげずにやってみよう。

次の文章を読んで、後の問いに答えなさい。

「その子の悪《あ》しきを悲しみ、朝夕*折檻《せっかん》せし人ありしに、ある人の言へるは、その御身の若き時は、物事御親の仰せのままにありしやと問へるに、しばしありて、Aさはなく候《さぶら》ひきと答ふ。さればこそ、*いやしき諺《ことわざ》にも、年こそ薬なれと申し侍《はべ》れば、ア年たけ給ふ後には、気遣ひ思《おぼ》し召《め》すほどにはあるまじと言ひて、その子なりし人を傍《かたへ》に招き、このほど道ゆく人の、言葉争ひして、年たけたる者をうち叩《たた》きなどしたる話、聞き給ふやBと言ひしに、いかにも□ず覚え侍ると答ふ。よその親なれど、年たけたる者のイうしと思ふさまは、安からぬ御事なるに、親しき御親の朝夕心を苦しめ給ふ事、少しの御心づきなきこそ、あやしげなれC言ひしに、恥顔して、何の言葉もなし。Dその後は親子の仲、睦《むつ》まじくなりたり。」と、語れる人あり。

（雨森芳洲《あめのもりほうしゅう》『たはれ草』による）

（注）＊折檻＝きびしく意見すること。

＊いやしき諺＝俗世間の諺。

古文を難しいと感じる2大理由は、(1)単語の意味がわからない、(2)主語がだれかわからない、ということだろう。

確かに古文は主語が省略されていることが多い。とはいえ、じつは現代語だってそうだ。主語の省略は日本語の特徴なんだよ。だから、そう恐れることはない。

文章の最初から主語が省略されることはない（大学入試の古文問題ではよくあるが、それは3年後の話だ）。だから、まず登場人物をしっかり確認することが大事であり、それが古文を読み解く第一のコツなんだよ。

では、この問題文をもう一度見てみよう。

「その子の悪《あ》しきを悲しみ、朝夕*折檻《せっかん》せし人ありしに、

＝「自分の息子（の行い）が悪いのを悲しみ、朝も夜も文句を言っていた人がいたが、

まず「子」が登場し、「人」が登場する。この「子」と「人」はどんな人物だろうか。

「子」は「悪しき」だ。ははあ、「悪い息子」だなとわかるだろう。「人」は「折檻（＝意見）」する人だね。ということは、子どもの行いが悪いので、「朝夕（＝朝に夜に）」説教ばかりする親、これが「人」だなと見抜けるだろう。

ある人の言へるは、その御身の若き時は、物事御親の仰せのままにありしやと問へるに、

＝ある人が言ったのは、そういうあなたの若い時は、行いがご両親のおっしゃる通りだったのかと尋ねたら、

〈言へるは～と問へる〉というのは、〈～〉が会話文のパターンだ。覚えておくといい。

しばしありて、Aさはなく候《さぶら》ひきと答ふ。さればこそ、*いやしき諺《ことわざ》にも、年こそ薬なれと申し侍《はべ》れば、ア年たけ給ふ後には、気遣ひ思《おぼ》し召《め》すほどにはあるまじと言ひて、その子なりし人を傍《かたへ》に招き、このほど道ゆく人の、言葉争ひして、年たけたる者をうち叩《たた》きなど

したる話、聞き給ふやと言ひしに、

＝しばらく（黙って）いて、そうではなかったですと答えた。そうだからこそ、世間の諺でも、年齢こそ薬だと申しますから、（あなたの息子が）大人になられたあとは、（行いもよくなって）心配にお思いになることはないだろうと言って、その人の息子である若人をそばに呼び、近ごろ（起きた）通行人同士が口論して、（若い者が）年長の者を殴りなどした話を、（君は）お聞きになったかと言うと、

いかにも□ず覚え侍ると答ふ。

＝（息子は）確かに□なく思いますと答えた。

ここは大事な部分が空欄になっているので、後回しにするよ。

よその親なれど、年たけたる者のうしと思ふさまは、安からぬ御事なるに、親しき御親の朝夕心を苦しめ給ふ事、少しの御心づきなきこそ、あやしげなれと言ひしに、恥顔して、何の言葉もなし。

＝（ある人が）他人の親であっても、年をとった者がつらいと思う様子は、心穏やかでないことなのに、自らの親が朝も夜も心をお痛めになることに、少しもお気づきでないのこそ不思議だよと言うと、（息子は）恥じ入る表情で、無言だった。

その後は親子の仲、睦《むつ》まじくなりたり。」と、語れる人あり。

＝それからは親子の仲が、睦まじくなったのだった。」と、（私に）語った人がいる。

「ある人」の言葉によって、「人」も「子」も深く反省したのだろう、仲のいい親子になったのだが、この話は、筆者（＝雨森芳洲）に「語れる人」がいて、それを書きとめたのだ。

〔問1〕点線部ア「年たけ給ふ」・イ「うし」の意味として最も適切なものを、次の①〜⑤のうちからそれぞれ一つずつ選んで答えなさい。

ア、年たけ給ふ

①年下の者が現れる
②年をおとりになる
③年長者をお助けになる
④新たな年に入れ替わる
⑤年月が解決してくれる

イ、うし

①つらい
②嬉《うれ》しい
③てごわい
④かわいい
⑤見苦しい

アは「年・たけ・給ふ」の3語に分けられる。

年＝年齢
たけ＝高くなる（「長《た》く」連用形）
給ふ＝お〜になる、〜なさる（尊敬語）

まとめると、「年齢が高くなられる」という意味になる。仮に「年たけ」の意味がわからないとしても、尊敬語「給ふ」がわかっていれば、「お〜になる」の②か③が正解だろう、と見当がつくはずだ。

正解 ②

イの「うし」は必ず記憶しておこう。漢字を当てると「憂《う》し」で、気持ちが沈みきったり、苦しみが強かったりする状態を言い表す語だ。大学入試でもよく問われている。

正解 ①

〔問2〕傍線部A「さはなく候ひき」とあるが、その解釈として最も適切なものを、次の①〜⑤のうちから一つ選んで答えなさい。

①昔も今も親に従順で素直な子などめったにいるものではありません。
②昔も今も悪いことをした子を親がしかることに変わりはありません。
③私も若い時には子どもを厳しくしつけるのが良いと思っていました。
④私も若い時は親がしかることの意味について理解できませんでした。
⑤私も若い時には親の言うことに素直に従うことはありませんでした。

「さはなく候ひき」は「さ・は・なく・候ひ・き」で、

さ＝（指示語）そう・そんな
は＝（強調）は
なく＝（否定）なく
候ひ＝（丁寧語）です・であります
き＝（過去）た

まとめると、「そうではないのでありました」となる。ポイントは「さ」で、なにをさしているか、しっかりと理解できるといい。

「ある人」が「その御身の若き時は、物事御親の仰せのままにありしや」と質問したことへの返答が「さはなく候ひき」だから、「さ」は「若

き時は、物事御親の仰せのままにあり」を受けている。

正解 ⑤

〔問3〕傍線部B「と言ひし」とあるが、言ったのはだれか。最も適切なものを、次の①～⑤のうちから一つ選んで答えなさい。

①折檻せし人
②ある人
③その子
④道ゆく人
⑤年たけたる者

これは、すでに説明した。「②ある人」が「①折檻せし人」をたしなめたあと、「③その子」を「傍に招いて、「～と言ひし」だったね。

正解 ②

〔問4〕空欄□にあてはまる語として最も適切なものを、次の①～⑤のうちから一つ選んで答えなさい。

①争は
②聞か
③悪しから
④安から
⑤悲しから

「いかにも□ず覚え侍ると答ふ。」のすぐあとに、「よその親なれど、年たけたる者のうしと思ふさまは、安からぬ御事なる」とある。

「ある人」が「子」に、通行人の暴力事件についてどう思うかとたずねると、「子」は「□ず」と思いますと返答した。すぐさま、「ある人」は、他人の親でも年とった者が「うし」を思うことは「安からぬ」ことだろうと問いつめた。

つまり、「子」は「安からず（覚え侍る）」と答えたのだ。

正解 ④

〔問5〕傍線部C「と言ひし」とあるが、その発言はどこから始まるか。最初の四字を抜き出しなさい。

これも、すでに解説してあるね。「ある人」が「子」に諭した言葉で、それは「よその親なれど～あやしげなれ」という会話文だ。

正解 よその親

〔問6〕傍線部D「その後は親子の仲、睦まじくなりたり。」とあるが、その理由として最も適切なものを、次の①～⑤のうちから一つ選んで答えなさい。

①道ゆく人の言葉を聞いて、これまで反抗的な態度をとることでどれだけ親に悲しい思いをさせて来たのかを悟り行いを改めたから。

②親子が道端で言い争いをしているのを見かねたある人が、それぞれに改めるべきところがあることを指摘し仲裁をしてくれたから。

③子どもが大人になれば心配なこともなくなるだろうと聞いて親は安心し、子は我が子のことで心を痛める親の思いに気づいたから。

④子どもが年をとればきっと世話をしてくれるだろうと聞いて親は安心し、子は他人の心の痛みを自分のこととして受け止めたから。

⑤子どもが親に反発するのはもっともなことだと聞いて親は安心し、子は親を叩いた自分の行為を恥ずかしいことだと反省したから。

最後のまとめの問いだ。この文章の要点は３つあって、

⑴「ある人」が「折檻せし人」に若いころを思い出させて、「その子」も一人前の大人になれば大丈夫だと教えたこと。

⑵「ある人」はさらに「その子」を呼んで、親がどれほど心配しているかを理解させたこと。

⑶その結果、「折檻せし人」と「その子」が仲良くなったこと。

〔問6〕は、右の⑶の理由を尋ねているわけで、⑴と⑵とを合わせたものが正解だ。

正解 ③

古文は日本語とはいえ、１００年以上も前の言葉だから、中学生にとっては（いや、大半の日本人にとっても）半分外国語のようなものだろう。

だから、やはりできるだけ古文をたくさん読むようにしないと、力はつかない。志望校の過去問だけでなく、他の学校の過去問も学ぶとよい。

最後にコツを１つだけ伝授しよう。それは、古文を読むときにただ目で見るのではなくて、声に出して読むことだ。そうすると、意外にもけっこう記憶に残るものだ。

言葉は元々口から音を発することで生じた。文字はずいぶんあとになってから創造されたのであり、目を中心にしたものだ。だが、言葉は耳を中心にしたものなのだよ。

国語

東大入試突破への現国の習慣

田中コモンの今月の一言！

迷走しても大丈夫。やったことの結果は後から必ずついてきます！

田《た》中《なか》 利《とし》周《かね》先生

早稲田アカデミー教務企画顧問

東京大学文学部卒。東京大学大学院人文科学研究科修士課程修了。文教委員会委員。現国や日本史などの受験参考書の著作も多数。

慇・懃・無・礼?! 今月のオトナの四字熟語「器用貧乏」

今月皆さんにご紹介するこの四字熟語、筆者にとって思い出深い言葉でもあります。「器用」というのは「手先が器用」などのように使われ、「細かなところまで丁寧に、上手にこなす」という意味で、「あなたは器用ですね」と言えばほめ言葉になりますよね。また「上手になんでもこなす」というところから「要領がよい」という意味にも使います。小学生だった頃の筆者は、「自分は器用だ！」と得意になっていたものでした。それには理由がありました。きっかけとなる出来事があったのです。近所の子どもたちが集まって、お正月にあげる「凧」を手作りするという工作教室が開かれたのでした。当時の筆者は小学二年生。近所の子供たちは皆、五年生や六年生といった高学年のお兄さんたちでしたので、その教室に参加した最年少が筆者だったのだと思います。竹ひごを曲げて形を整えて、糸でしばって固定する、といった面倒な作業が続きます。低学年には難しい工程です。ですから指導員の先生が、ぴったりと筆者について作成を手伝ってくれていたのでした。自分なりに手を動かして、何とか形を作り上げたときに先生がかけてくれた言葉が「この子は器用な子だなぁ、びっくりした！」でした。もちろん、最年少である筆者が、途中で「もう無理だ！」とあきらめてしまわないように、先生が気にかけて「声かけ」を実行してくれたのでしょうが、なんとも言えず誇らしい気持ちになったことを、今でも覚えています。その後に続く、竹ひごに和紙を貼っていくという、これまた手間のかかる作業もなんとか乗りきって、完成にこぎつけることができたのでした。

この、先生による「お前は器用だ！」という「刷り込み」（笑）は強力で、それから十年にわたり筆者は「自分は器用だ」と信じて疑わなかったのです。（高校二年生のときに「自分はなんて不器用なんだ！」と気づく出来事があったのですが、その話はまた別の機会にでも。）やればできるから、大丈夫！という「結果を伴わない肯定」ではなく、実際に手を動かしてやってみて、曲がりなりにもできたときに、よくやった、それでいい！と「結果に対して肯定される」ことで、はじめて自己肯定感は身につくものだと実感しています。

さて、「器用」についてのエピソードはここまでなのですが、取り上げた四字熟語は「器用貧乏」ですよね。「器用」に「貧乏」というマイナスのイメージの言葉が付け加えられています。どういう意味なのでしょうか? これは、「なまじ器用であるために、あちこちに手を出し、どれも中途半端となって大成しないこと」という意味が込められて、「専門性がない」というダメ出しの際に使われる言い回しとなります。そしてこの言葉にも忘れられないエピソードが筆者にはあるのです。

小学生の頃から「自分は器用だ!」と自信満々だった筆者に対して、中学生の頃に友人から言われた「器用貧乏だね」という言葉は衝撃でした。何でもそれなりに人よりも上手にできる、という筆者の自信を支えていた根拠に対して「それはあまり評価できることではないよね」ということですから。「自分はどういうキャラクターなのか?」を模索している中学生の時期に、これは大変な問題でした。「何かのエキスパートにならなくてはいけない!」と、強烈に意識するようになりました。そこで筆者のとった行動は、極端なものでした。当時、ロボット工学の研究者に憧れていた筆者は、「技術家庭科の期末テストで満点を取る!」という目標を立てたのでした。「ロボット工学なら、数学や理科、何よりも英語が必須でしょう!」という考えは微塵《みじん》もなく、トランジスタやコンデンサーという言葉が登場し、はんだ付けを実践する「技術」こそ、最重要と判断したのでした。おそらく、学年の誰よりも技術家庭科の勉強に取組み、期末テストで満点をたたき出した筆者は、「これでエキスパートだ!」と浮かれていたのですが…そう思ってくれる友人は存在せず、技術家庭科に勉強時間を費やした代償として、数学・英語といった重要科目がボロボロになってしまい、「ふつうに出来の悪い生徒」という認識が、周囲に広まっていってしまったのでした。

中二という時期特有の、自分の価値観を何よりも優先する! という名目での現実逃避ですね。その後も筆者は迷走を続け、自分なりの勉強法を見出すことができたのは、実に三年後の高校二年生になったときなのでした。

あれから三十年以上の月日が流れて、現在の筆者が、迷走する当時の自分に声をかけるとするならば、「中途半端を気にせずに、自分の中の引き出しを増やすことこそ大事なんだよ! 器用貧乏はむしろほめ言葉だよ!」と、言ってやりたいのですが。でも、このことに納得できるのに三十年かかったわけですからね。言ってもしかたのないことだと思います。むしろ、迷走は中学生の時期には必要なものだよ! と後押ししてやりたいと思いますね。

グレーゾーンに照準! 今月のオトナの言い回し「卑近な例」

「ひきん」と読みます。「卑《ひ》」という言葉が、「卑《いや》しい」と読むことからも分かるように、「低い評価」を表しますので、「身近でありふれていること」=「価値がなくつまらない」という意味になります。

「卑近な例」という言い回しは、確かに「身近でありふれた例を挙げるとすれば」という、「つまらない例」という意味にもなりますが、「身近でありふれた」=「具体的で分かりやすい」という面を強調すれば、誰もが納得する例の挙げ方、ということになりますからね。

このことを理解するために「卑近」の反対語にあたる熟語を考えてみるとよいでしょう。答えは「高遠」になります。「高い」も「遠い」も小学校低学年で学習する漢字ですが、これを組み合わせた熟語というのは小学生には難しいレベルです。「高遠」はそのまま「こうえん」と読みますが、意味は「高尚で遠大」ということで、高次の思考の結果として、より純粋化され、抽象化され、観念化されていることを表す言葉になります。この「高遠」との対比で「卑近」をとらえてみると、「卑近な例」の意味合いが理解できると思います。

「経済の好循環を実現し、持続可能な社会保障制度を確立します」といった「高遠な理想」を掲げたスローガンは、あまりに抽象的で心に響いてこないということは、最近続いた選挙の際に皆さんも耳にして実感したのではないでしょうか(笑)。では、スローガンに「卑近な例」を入れ込んで成功したケースというのは、あるのでしょうか? 日本の現代史を勉強している皆さんなら、聞いたことのあるフレーズになると思います。そう、教科書に載るほど有名になった「卑近な例」というものがあるのですよ。「お父さんの給料が2倍になります! 2倍ですよ、2倍!」で成功した池田勇人首相の「所得倍増計画」や「トンネルを掘って線路でつなげば、新幹線は通る!」で日本の発展を約束した田中角栄首相の「日本列島改造論」などです。昭和の時代の具体的で分かりやすくインパクトのあるスローガンの好例でしょう。

さて、平成不況からの出口を探る日本経済ですが、アベノミクスが賛否両論ありながらも、ある程度の期待を抱かせているのは、「日経平均株価が2倍になりましたよ! 2倍ですよ、2倍!」という具体的な効果だと思います。さて次にどんな「卑近な例」が挙げられてくるのか。そんなオトナの目線で、皆さんも注目してみてくださいね。「それでは高遠な理想に過ぎないね」なんて判断ができるようになりますから。

(2)　y軸を対称の軸として点Bと線対称である点Cをとり，四角形CAOBをつくります。この四角形CAOBの面積を求めなさい。

ただし，座標軸の単位の長さを1cmとします。

（埼玉県・問題一部略）

＜考え方＞

(2)　四角形CAOBは、△ABCと△OABに分けて考えましょう。

＜解き方＞

(1)　左ページの③より、ABの傾きは$\frac{1}{2}\times(-1+3)=1$

A$(-1、\frac{1}{2})$を通るから、直線ABの式は、$\boldsymbol{y=x+\frac{3}{2}}$

(2)　B$(3、\frac{9}{2})$ より、C$(-3、\frac{9}{2})$ だから、

四角形CAOB＝△ABC＋△OAB

$=\frac{1}{2}\times6\times(\frac{9}{2}-\frac{1}{2})+\frac{1}{2}\times\frac{3}{2}\times4=12+3=\mathbf{15}(\mathrm{cm}^2)$

次は、2つの放物線上に4頂点を置く図形の問題です。

問題2

下の図1で，点Oは原点，曲線fは関数$y=\frac{1}{4}x^2$のグラフ，曲線gは関数$y=ax^2$ $(a>\frac{1}{4})$のグラフを表している。

点A，点Bはともに曲線f上にあり，点Aのx座標はt $(0<t<6)$，点Bのx座標は$t-6$である。

点Cは曲線g上にあり，x座標は負の数である。

点Oと点A，点Oと点B，点Aと点C，点Bと点Cをそれぞれ結ぶ。

次の各問に答えよ。

図1

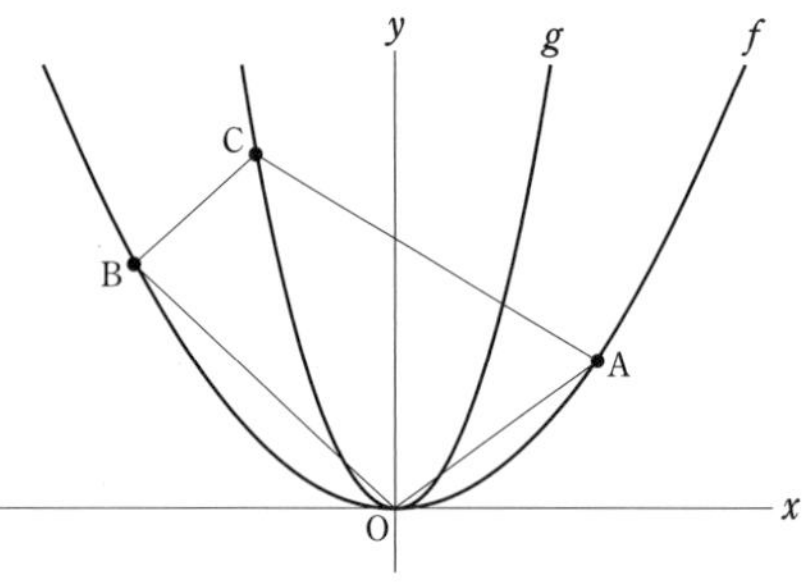

問1　$a=\frac{5}{4}$のとき，次の(1)，(2)に答えよ。

(1)　$t=4$，点Cのx座標が-2のとき，2点A，Cを通る直線の式を求めよ。

(2)　四角形OACBが平行四辺形となるとき，tの値を求めよ。

ただし，答えだけでなく，答えを求める過程が分かるように，途中の式や計算なども書け。

（都立日比谷、西、国立・問題一部略）

＜考え方＞

問1(2)　平行四辺形の2本の対角線はそれぞれの中点で交わる → ①の中点の公式を活用しましょう。

＜解き方＞

問1(1)　$x=4$を$y=\frac{1}{4}x^2$に代入してA(4、4)、

$x=-2$を$y=\frac{5}{4}x^2$に代入してC$(-2、5)$

⇒　(ACの傾き)$=\frac{4-5}{4-(-2)}=-\frac{1}{6}$

これより、直線ACの式は、$y=-\frac{1}{6}(x-4)+4$より、

$\boldsymbol{y=-\frac{1}{6}x+\frac{14}{3}}$

(2)　点A、点Bの座標はそれぞれA$(t、\frac{1}{4}t^2)$、B$(t-6、\frac{1}{4}(t-6)^2)$ と表すことができる。

四角形OACB は平行四辺形であるから、対角線CO、ABの交点はそれぞれの中点。

よって、(点Cのx座標)＋(点Oのx座標)＝(点Aのx座標)＋(点Bのx座標) が成り立つ。

したがって、Cのx座標をpとすると、

$p+0=t+(t-6)$ より、$p=2t-6$ …（ア）

同様に、Cのy座標をqとすると、

$q+0=\frac{1}{4}t^2+\frac{1}{4}(t-6)^2$より、$q=\frac{1}{2}t^2-3t+9$

点Cは曲線g上にあるから、$y=\frac{5}{4}x^2$に代入して、

$\frac{1}{2}t^2-3t+9=\frac{5}{4}(2t-6)^2$

整理して、$t^2-6t+8=0$　⇒　$(t-2)(t-4)=0$

これより、$t=2、4$

これらはともに$0<t<6$を満たす。

また、点Cのx座標は（ア）より、$t=2$のとき-2、$t=4$のとき2

点Cのx座標は負であるから、$\boldsymbol{t=2}$

関数$y=ax^2$のグラフに関する問題では、はじめに定数aの値や、yの変域、放物線上の2点を通る直線の式などを求めさせるのが一般的です。さらに、そこで求めた答えをもとに、2問目以降を解き進めていくことが多いので、1問目は確実に正解できるように、基本を身につけることやミスを出さないよう集中力をもって問題に当たることがとても大切です。

また、関数の学習では、グラフをよりきれいに、しかも手早く描けるように心がけることも大切です。デコボコな放物線では、自分の描いたグラフにだまされてしまいます。また、途中の計算が長い問題もありますから、計算の正確さとスピードにも意識して学習を進めていきましょう。

数学

楽しみmath 数学！DX

関数の問題は
1問目をしっかり押さえる
図をきれいに描くことも大切

登木 隆司先生

早稲田アカデミー 城北ブロック ブロック長
兼 池袋校校長

今月は、関数$y=ax^2$と図形の融合問題を学習していきましょう。

はじめに覚えておくと便利な関数の公式をいくつか紹介しておきます。

① A($x1$、$y1$)、B($x2$、$y2$) のとき、線分ABの中点の座標

$\left(\frac{x1+x2}{2}、\frac{y1+y2}{2}\right)$

② 傾きm、点($x1$、$y1$) を通る直線の式

$y=m(x-x1)+y1$

〔証明〕 $y=mx+n$に ($x1$、$y1$) を代入すると、

$y1=mx1+n$

これより、$n=y1-mx1$

これをはじめの$y=mx+n$に代入してnを消去すると、

$y=mx+y1-mx1$　より　$y=m(x-x1)+y1$

③ 関数$y=ax^2$で、xの値がpからqに増加するときの変化の割合

$\frac{(yの増加量)}{(xの増加量)}=\frac{aq^2-ap^2}{q-p}$

$=\frac{a(q+p)(q-p)}{q-p}=a(p+q)$

さらに、A(p、ap^2)、B(q、aq^2) とすると、$a(p+q)$ は直線ABの傾きを表します。

④ 放物線のなかの三角形の面積

図1において、

△AOB＝ △A′CB′

$=\frac{1}{2}$×A′B′×OC

また、△AOC：△BOC＝AC：BC＝A′O：B′Oとなる性質もよく使われますので覚えておきましょう。

図1

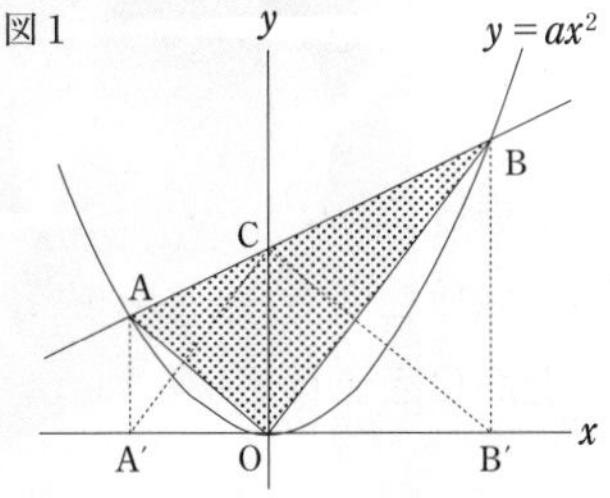

それでは、関数$y=ax^2$と図形の典型的な問題を見ていきましょう。

問題1

右の図で，曲線は関数$y=\frac{1}{2}x^2$のグラフです。曲線上にx座標が−1，3である2点A, Bをとります。

このとき，次の各問に答えなさい。

(1) 直線ABの式を求めなさい。

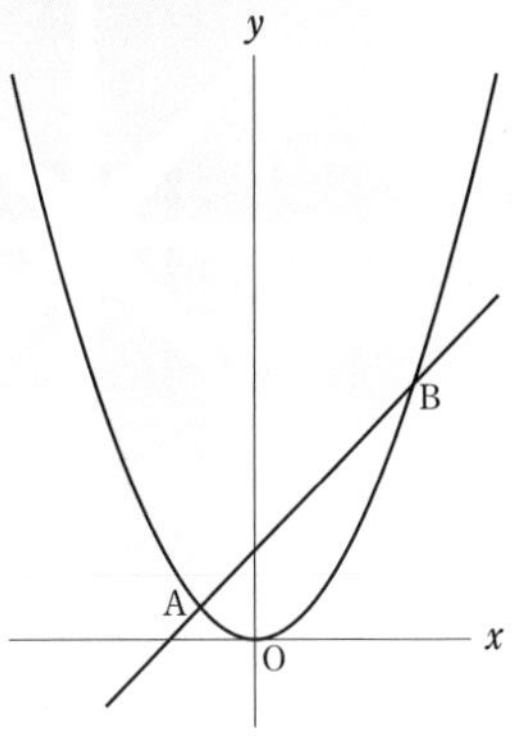

英語で話そう！

川村 宏一先生
早稲田アカデミー　教育事業推進部
英語研究課 課長

朝がちょっぴり苦手な中学３年生のサマンサは、父（マイケル）と母（ローズ）、弟（ダニエル）との４人家族。

サマンサは、日本からの語学研修でサマンサたちの学校に通っており、来週帰国することになったヒロシと学校で会いました。

Samantha：Did you enjoy studying at our school, Hiroshi?
サマンサ　：ヒロシ、私たちの学校で勉強して楽しかった？

Hiroshi：Yes. Staying for four weeks was short, but I learned many things here. …①
ヒロシ　：うん。４週間の滞在は短かったけど、ぼくはここでたくさんのことを学んだよ。

Samantha：I'm glad to hear that. Your English is better now. …②
サマンサ　：それを聞いて嬉しいわ。あなたの英語は、いまはずっとよくなったわよ。

Hiroshi：When I go back to Japan, I will talk to my friends about life in the United States.
ヒロシ　：日本に帰ったら、アメリカでの生活について友だちに話そうと思う。

Samantha：I would like to go to Japan someday.
サマンサ　：いつか日本に行ってみたいわ。

Hiroshi：That's nice. Also I hope seeing you in Japan …③
ヒロシ　：それはいいね。日本でまた会えるといいな。

今回学習するフレーズ

解説①　stay	「滞在する、とどまる」 (ex) I stayed at home all day. 「私は一日中、家にいた」
解説②　be glad to～	「～して嬉しい」 (ex) I'm glad to see you again. 「またお会いできて嬉しいです」
解説③　hope ～ing	「～することを望む」 (ex) I hope swimming in the sea. 「私は海で泳いでみたい」

みんなの数学広場

TEXT BY
かずはじめ
数学を子どもたちに、楽しく、わかりやすく、使ってもらえるように日夜研究している。好きな言葉は、“笑う門には福来る”。

初級～上級までの各問題に生徒たちが答えています。
どの生徒が正しい答えを言っているか当ててみよう。
もちろん、当てずっぽうじゃなく、実際に問題を解いてみてね。

問題編

答えは42ページ

上級

幼稚園児が解く私立小学校入試問題です。
これが解けなければ小学生になれない??

次の（　）に入る文字はなんでしょうか？

S　M　T　W　(　)　F　S

A
答えは… T
これは法則性があるんだ。
B
答えは… M
2つ目がMで、次は5つ目に来るとみた！
C
答えは… L
ぼくの読みではこれだね。

中級

英語の数学用語について。

よく街中でも見られる単語にスクエアという単語があります。

数学では　square＝正方形　を表します。このsquareはほかにも意味があるんです。それはなんでしょう。

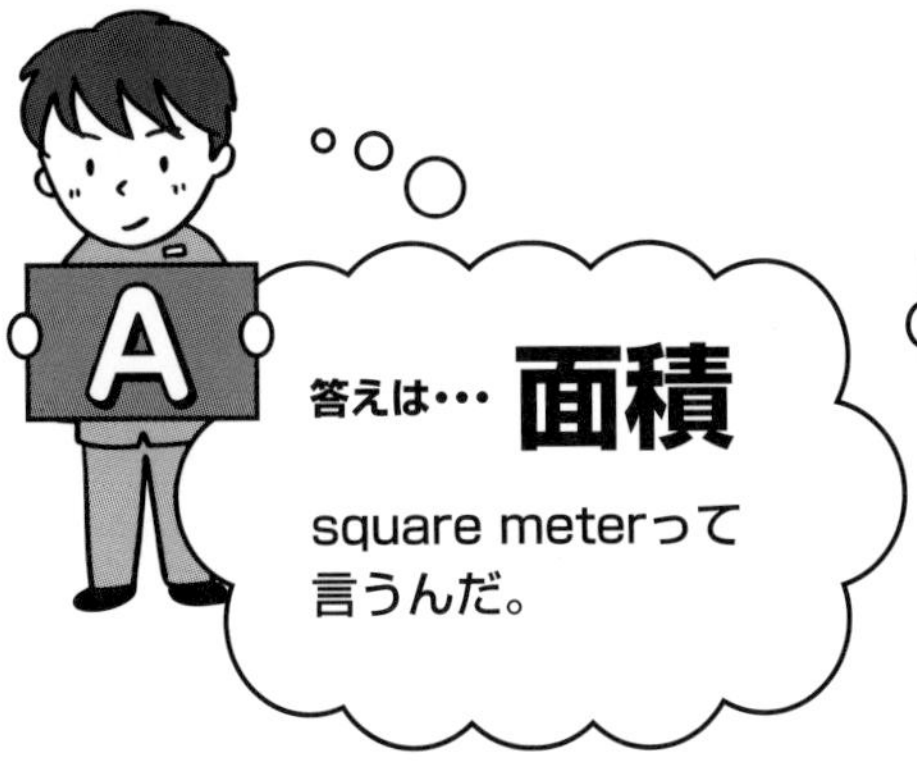
A
答えは…　面積
square meterって言うんだ。

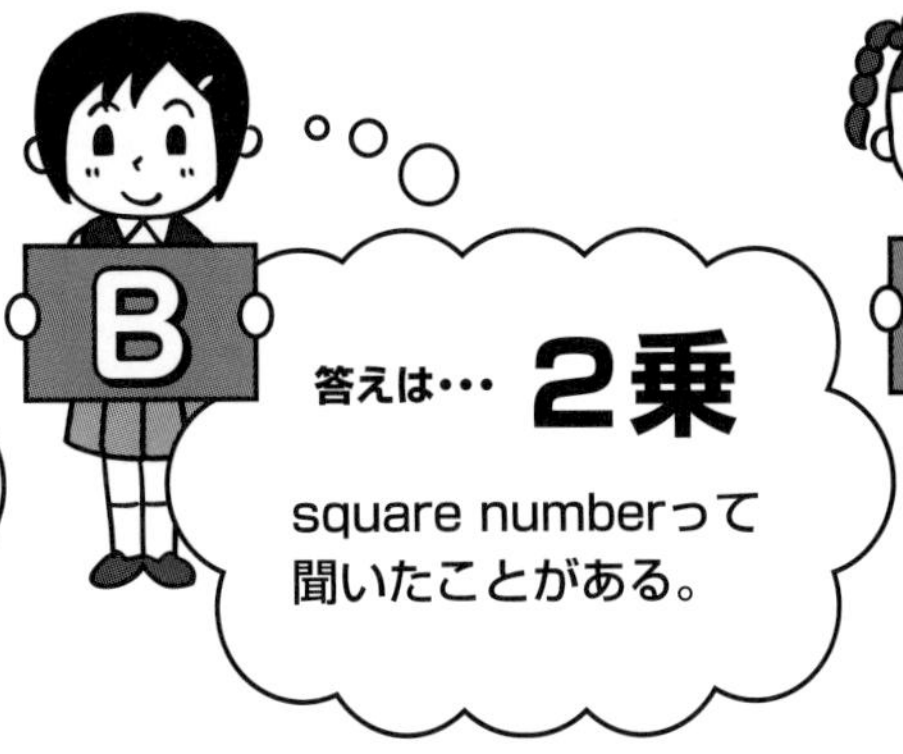
B
答えは…　2乗
square numberって聞いたことがある。

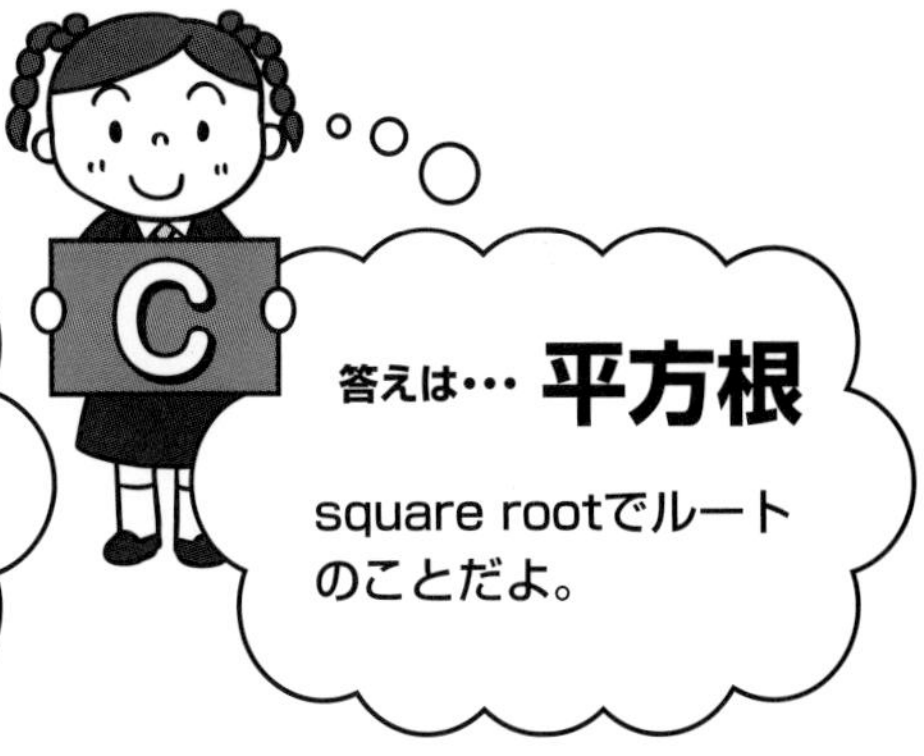
C
答えは…　平方根
square rootでルートのことだよ。

初級

パン屋のおじさんと4回じゃんけんをして、3回勝つとドーナツがもらえます。Aさんは、初めの2回があいこで、あとの2回は勝ちました。Aさんがグー、パー、チョキ、パーの順で出したとしたら、おじさんはなにを出したでしょうか？

A
答えは…
グー、パー、チョキ、パー

B
答えは…
グー、パー、グー、チョキ

C
答えは…
グー、パー、パー、グー

みんなの数学広場 解答編

上級

正解は **A**

ズバリ、「T」です。

S…Sunday　M…Monday　T…Tuesday　W…Wednesday
「T…Thursday」　F…Friday　S…Saturday
となります。

ここで驚くのは、幼稚園児がこれを知っているということです。身近にあるカレンダーを見ているからこそ知っているというよりは、知らぬ間に目に入っているということなのでしょうね。ちなみにこの問題は慶應義塾幼稚舎の入試問題です。慶應義塾幼稚舎は小学校のことですよ。

B

C

中級　正解は B

嬉し～い

Squareには、正方形だけでなく、同じ数を２回かけることという意味があります。つまり２乗を表します。

A
平方メートルは単位だ。
面積ではないよ。

C
どこで見たんだろう？

初級　正解は C

イエーイ

早とちりして、Ｂを選んだ人がいるんじゃないでしょうか。
最後の２回にＡさんの出したチョキとパーに負けるのがパン屋のおじさんです。ですからパン屋のおじさんの最後は、もちろんパーとグーですね。ちなみに、この問題は聖心女子学院初等科の入試問題の改題。そう、この問題を普段幼稚園児が私立小学校に入学するために解いているのです。恐るべし幼稚園児!!（結局、ドーナツがもらえたかどうかはわかりません…）

A
問題読んでるかな？

B
それだと最後の２回は
負けだよね？

＼先輩に聞け！／

大学ナビゲーター

明治大学

理工学部 応用化学科 3年生

高崎《たかさき》 浩爾《ひろみ》さん

特色ある実験を通して色々な力を身につけつつ課外活動も楽しむ

フラスコからコンピューターまで扱う

――AO入試（※注1）で明治大に入学したそうですね。

「大学受験をするにあたって、挑戦できる受験方法は色々試したいと思っていたんです。大学を調べているうちに、明治大の理工学部ではAO入試を行っていることを知り、受けてみることにしました。

AO入試は志望理由書や自己推薦書の提出、筆記試験のほかに、面接が2回あります。1回目は教授3人から、普通の面接と同じように、志望理由などを聞かれました。2回目の面接は教授が9人もいて、化学や数学に関する質問を受け、その回答をホワイトボードを使いながら説明するというものでした。」

――応用化学科ではどのようなことを学んでいますか？

「1、2年生のうちは理学的な勉強が多かったのですが、3年生からは工学的な勉強も増えてきたので、おもしろくなってきました。

理学とは、さまざまな理論や現象について学ぶ学問のことです。入学前は『応用化学科』という名の学科なので、物理の知識は必要ないと思っていましたが、いざ入学すると、大学で学ぶ化学の基礎は物理学の応用だったんです。これには非常に焦りました。じつは大学受験のとき、受験科目で物理を選択しなかったので、詳しく勉強したことがなかったんです。1、2年生のころは勉強についていくのが本当に大変でした。

一方、工学は、より実践的、実用的なことを学ぶ学問です。例えば、3年生で受けている『高分子化学』では、プラスチックやゴムがどういう反応によって作られていくのかを

※注1：アドミッションズ・オフィス入試の略称。合否の基準は、大学が求める学生像（アドミッション・ポリシー）と受験生の人物像が合致しているかどうか。面接などを通して、一般的な学力試験では判定が難しい受験生の個性や意欲をみる。

約200名の学園祭実行委員が集まると圧巻です

塾のアシスタントとして試験監督なども務めています

学んでいます。身近なもののメカニズムや、それが社会でどう活かされているのかを学べて楽しいです。」

——実験が多いそうですね。

「応用化学科が掲げる『フラスコからコンピューターまで扱える科学者・研究者・技術者の育成』というテーマに基づき、2年生からは『応用化学実験』と『化学情報実験』の2種類を履修します。

『応用化学実験』で行うのは、みなさんが『実験』と聞いてイメージするような、フラスコなどの器具を使った実験です。

もう1つの『化学情報実験』は、コンピューターで化学反応をシミュレーションしていく実験です。分子モデリングソフトというソフトを使って、目に見えない原子や分子の構造やつながりを解析していくというもので、応用化学科ならではの特色ある実験だと思います。

それぞれの実験は毎週あり、毎回レポート提出が義務づけられているので大変です。ときには1つの実験につき、A4用紙20枚ほど書かなければならないときもあります。

4年生からは研究室に所属し、より専門的に研究をしていきます。研究室が決定するのは3年生の終わりごろなので、まだどんな研究をするかは決めていませんが、徐々に考えていきたいです。」

——明治大生田キャンパスの特徴を教えてください。

「生田キャンパスに通うのは、理工学部と農学部の大学生と大学院生です。そのため、実験設備が充実していますし、敷地内には温室や田んぼもあったりと自然豊かな環境です。

また、ここ数年の間に、新しい建物がいくつか完成しています。昨年完成した農学部6号館の休憩スペースは、理工学部の生徒も使うことができて気に入っています。」

——今後の目標を教えてください。

「卒業後は大学院には進まず、就職を考えています。パソコンを扱うのが得意なので、システムインテグレーター（※注2）などの情報系の職業に就きたいと思っています。」

※注２：顧客から請け負った情報システムの管理、企画、運用などを行う職種。

充実の課外活動

応用微生物研究部と学園祭（生明祭）実行委員会に入っています。

応用微生物研究部では、班ごとに微生物に関する研究をしていて、私の班はナタデココの研究をしていました。ナタデココの主成分は、微生物が作り出すセルロースという物質なんです。ほかにも青カビからペニシリンを取り出すことをめざす班、納豆のネバネバから保湿成分を抽出しようとする班など、どこもおもしろい研究をしています。成果発表の場は、半期ごとの研究発表会です。

学園祭実行委員会の部員は約200名もいて、生田キャンパス内で最大規模を誇る団体だと思います。昨年副委員長をしていたときはなにかと問題が起こり苦労も多かったですが、やり遂げたときの達成感は何物にも代え難いものでした。生明祭ならではの出しものも多く、酪農化学研究会によるジンギスカンのお店は毎年人気です。

学校外でも、AO入試で合格した経験を活かして塾でアシスタントをしたり、より多くの人に選挙に行ってもらおうとするプロジェクトを手伝ったりと、さまざまな課外活動に参加して充実した毎日を送っています。

文章上達のコツは量をこなす

量をこなさないといい文章は書けないと塾の先生から言われていたので、志望理由書や自己推薦書などは20回は書き直しました。論理的な文章を書くには、書き始める前にどの段落になにを書くかを大体決めておき、文字数を調整しながら徐々に内容をふくらませるといいと思います。

何事にも興味を持ってほしい

受験では情報収集が大切です。みなさんのなかには、AO入試という制度を知らなかった人もいるのではないでしょうか。新しい可能性が出てくることもあるので、情報を色々集めてください。

また、「なぜそうなるのか」「どうしたらこうなるのか」など、何事にも興味、関心を持ってほしいです。そうした「なぜ」「なに」を突きつめることで、興味のある分野が絞られ、自然と進路も決まってくるはずです。なにに対しても意欲的に取り組み、人生を一生懸命生きてください。

開智高等学校

目標大学に応じて最適化されたコース制

難関大学現役合格で定評のある開智高校。その伝統を支えてきた2類型制がコース制へと進化しています。今回はそのフラッグシップとも言える「Tコース」について紹介します。

1　東大・国立医学部進学に最適化された「Tコース」

「**Tコース**」は数年前に「S類Tクラス」としてスタートしました。そこでは「Tコンセプト」という独自の教育システムに基づいた指導が行われており、東京大学や国立大学医学部へも多くの生徒を送り出しています。

Tクラスが「**Tコース**」へ発展したことで「Tコンセプト」に基づいた教育を入学直後から実現することができるようになっています。

数年間かけて改善と工夫を重ね、磨き上げた「Tコンセプト」に沿って、1年生からじっくりと学習していくことで、最難関大学へ現役で合格する力を確実に手にしていくことができるばかりでなく、社会に貢献できるリーダーとしての資質も丁寧に身につけていくことができるようになります。

2　Tコンセプトとは

「今、君は何を知りたいのか?」…これこそが「**Tコンセプト**」を端的に表現した言葉です。

「疑問」は「発見」のための源泉であり、その「発見」は次の「疑問」の源となります。これらの「疑問」や「発見」の一つ一つは、身近で、ささやかなものです。ぼんやりしていると見落としてしまうようなもの、気づかれもしないようなものかもしれません。しかし、それら小さな「疑問→発見」の繰り返しによって、私たち人間は「知識」を積み上げ、それを「智恵」として結実させてきました。

わからないことがあれば、わかりたいと思い、行動する。「わかる」ことによって自分の生活が「少しだけ」便利に、あるいは豊かになった経験をした人間

≪時間割例　Aさんの1週間（3年生）≫

<table>
<tr><th></th><th>月</th><th>火</th><th>水</th><th>木</th><th>金</th><th>土</th></tr>
<tr><td>0</td><td>独習</td><td>独習</td><td></td><td>独習</td><td>独習</td><td>独習</td></tr>
<tr><td>1</td><td>数学</td><td>理科</td><td>理科</td><td>英語</td><td>英語</td><td>数学</td></tr>
<tr><td>2</td><td>数学</td><td>理科</td><td>理科</td><td>芸術</td><td>英語</td><td>英語</td></tr>
<tr><td>3</td><td>国語</td><td>国語</td><td>理科</td><td>体育</td><td>国語</td><td>理科演習</td></tr>
<tr><td>4</td><td>地歴演習</td><td>英語</td><td>英語</td><td>体育</td><td>数学</td><td>理科演習</td></tr>
<tr><td colspan="7">昼　食</td></tr>
<tr><td>5</td><td>英語</td><td>国語</td><td>数学</td><td>理科</td><td>地歴演習</td><td rowspan="2">化学特講</td></tr>
<tr><td>6</td><td>数学</td><td>地歴演習</td><td>数学</td><td>LHR</td><td>国語</td></tr>
<tr><td>7</td><td rowspan="2">現代文特講</td><td rowspan="2">独習</td><td rowspan="2">数学特講</td><td>独習</td><td rowspan="2">英語特講</td><td rowspan="2">物理特講</td></tr>
<tr><td>8</td><td rowspan="2">古典特講</td></tr>
<tr><td>9</td><td>独習</td><td></td><td>独習</td><td>独習</td><td></td></tr>
</table>

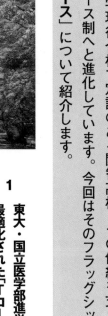

は、もっと「わかりたい」と思い、意図的に「疑問」を求めるようになり、それに挑戦していくようになる…。

私たち人間の営みのすべては、この「知りたい」という強い意志により生み出されてきたといってよいでしょう。自然科学はもちろん、法律や政治あるいは経済、さらには文学や宗教も私たち人類がささやかな積み重ねを地道に行ってきた結果、獲得した智恵の結晶です。

一方で私たちは、この智恵がもたらした「負の課題」も抱えています。それを克服し、「よりよい智恵」へと深化させて引き継いでいくことが、現代を生きる私たちの、そして次の時代を創る主人公となる高校生に課せられた使命だと言えるでしょう。

身の回りのこと、一見すると取るに足らないと思われてしまうようなことにも敏感に反応し、疑問を持ち、それを解決するために思考し、行動できる人間になろう。世界のこと、宇宙のこと、あるいは時空を超越した思念についてさえも、おそれることなく、ひるむことなく、常に疑問を持ち、それを解決していこうとする人間になろう。すべてを「知りたい」の対象とする人間になろう。

これが「**Tコンセプト**」なのです。

3　Tコースでの学び

「疑問をいかにして解決するか」…課題解決においてアプローチの道すじは無限にあるといってよいでしょう。調べればわかることもあれば、実験により判明することもあります。論理的に推理することで解決の糸口がつかめることもあれば、仮説を立て、検証していくことが有効な事例もあります。

課題に応じて適切なアプローチ方法を選択する力、また課題を解決していく能力としての論理的思考力や判断力、あるいはその基礎となる知識力は、**卓越した指導ノウハウを持った教師がチームで指導**にあたっています。またTコースには**高い志を持った仲間**がいます。最高水準の学びを実感できる環境がそこにはあります。

「学び」は厳しく、そして楽しいものです。あなたに、それを実感しようとする志があるのならば、Tコースはあなたにとって最高の学びの環境といえるでしょう。

KAICHI

開智高等学校

高等部（共学）

〒339-0004
さいたま市岩槻区徳力西186
TEL 048－794－4599（企画広報室）
http://www.kaichigakuen.ed.jp/
東武アーバンパークライン（東武野田線）
東岩槻駅（大宮より15分）北口徒歩15分

■夏期学校説明会　予約不要　（説明時間約80分）

8月20日	土		10：00～	・教育内容、学校生活、入試情報 ・質問コーナーあり。

■入試説明会・個別相談会　（説明時間約80分、個別相談約15分）

9月24日	土		13：30～	個別相談 10：00～16：30
10月22日	土	10：00～	13：30～	
11月19日	土	10：00～		
11月27日	日	10：00～	13：30～	
12月17日	土	10：00～		

※個別相談会のみ９月以降ＨＰにて予約が必要です。

コースごとの特色あるカリキュラムで生徒の夢をサポートしています

3年後を見据え、各コースの特性を生かした学習指導

高校からのコース編成

総合進学コース

推薦入試・AO入試 武蔵野大学にも幅広く対応

クラブ活動や委員会・生徒会活動で中心的役割を果たして、すみずみまで学校生活を楽しみたい人のためのコースです。各教科をバランスよく学ぶカリキュラム編成により、幅広い進路希望に対応。他大学の一般入試・推薦入試・AO入試などを積極的に利用して現役進学をめざします。

国際交流コース

1年間の留学が必修、語学力・発信力で国際人の育成

高2の夏から高3まで1年間の長期留学が必修となり、留学中の学習も単位が認められて高校3年間で卒業することができます。学校設定科目講座では日本人としての自覚を育て、異文化理解の精神とコミュニケーション力を養い、留学中には人間力を身につけて、語学系・国際系大学・学部への進学をめざします。

文系創造コース NEW

難関文系学部・学科への進学をめざす

人文・社会科学の両分野を深く学びたいという意欲を持つ人のためのコースです。国語・英語・社会の時間数を増やした特別カリキュラムを編成。通常の講習や、長期休暇中には特別講習を実施して基礎を徹底して実践力を磨き、難関私立大学文系学部・学科に合格できる学力を養います。

理系医療コース NEW

難関理系、難関医薬系学部・学科への進学をめざす

薬学部をはじめ、医学部や看護学部、獣医学部、理工学部など理系のスペシャリストをめざす仲間と一緒に、とことん理系の道を突き進みたい人に最適な理系選抜コースです。理科と数学に特化したカリキュラム編成で、高度な実験にも挑戦。大学に進学してからも困らない本物の学力を身につけていきます。

↓ 難関大学へチャレンジ

併設の武蔵野大学(薬・看護・教育・法・経済・文・人間科学・工学・グローバル)**へ内部進学できる制度があります。** ※コースにより学部に制限あり

2016年度 高等学校説明会日程

学校説明会 各回14:00〜

*10月15日(土) 10月22日(土) 11月5日(土)
11月19日(土) 12月3日(土)

*10月15日のみ10:00〜 国際交流コース学校説明会

MJ個別相談会 各回10:00〜 要予約

10月29日(土) 11月12日(土) 11月26日(土)
12月10日(土) 12月24日(土)

MJを体験・見学する

8月27日(土)10:00〜12:00 MJサマースクール
9月10日(土)10:00〜12:00 MJ学校見学会
9月の土曜日(予定)13:30〜17:30 MJクラブ体験 要予約

樹華祭

体育祭 10月1日(土) 9:00〜15:00
文化祭 10月8日(土) 11:00〜16:00
10月9日(日) 10:00〜16:00

◎**学校相談随時受付** 事前にお電話にてお申し込みください。

自分のままで、自分を伸ばす。

武蔵野女子学院高等学校

■総合進学コース ■国際交流コース ■文系創造コース NEW ■理系医療コース NEW

〒202-8585 東京都西東京市新町1-1-20 TEL 042-468-3256・3377(入試相談室直通)

http://www.mj-net.ed.jp/

Bungou Retsuden

第22回

古今文豪列伝

星《ほし》 新《しん》一《いち》

Shinichi Hoshi

星新一というと、ショートショート（ＳＦ短編小説）の名手として有名だね。

彼は１９２６年（大正15年）、東京に生まれた。父は星薬科大学と星製薬の創業者。父は「親切第一」をモットーにしていて「親一」とつけた。「新一」はペンネームだ。

母方の祖父は現在でいうと東京大医学部長で解剖学者、祖母は森鷗外の妹なんだ。

東京高等師範学校付属中（現筑波大附属）から旧制東京高校（現東京大教養学部）を経て１９４８年（昭和23年）、東京大農学部を卒業したんだ。

東京大の大学院に入ったけど、父が急死したため中退し、25歳で星製薬の社長となった。

だけど経営は破綻していて、会社は倒産、事後処理のために大変な苦労をしたんだ。

最初のショートショートを同人誌に発表したのは１９４９年（昭和24年）のこと。「空飛ぶ円盤研究会」に入り、１９５７年（昭和32年）には研究会の仲間とＳＦ同人誌「宇宙塵《うちゅうじん》」を創刊した。

このころから本格的にショートショートを書き始め、１９６３年（昭和38年）には日本ＳＦ作家クラブを創設して初代会長となった。

１９６８年（昭和43年）には、それまでも何回か候補にあげられていた日本推理作家協会賞を受賞、40歳代でショートショートの大御所なんて呼ばれたんだ。

１９８３年（昭和58年）には「ショートショート１００１編」を達成、以後、ショートショートは書かなくなった。

１９９４年（平成6年）、口腔《こうくう》がんが見つかり、入退院を繰り返したけど、2年後に自宅で倒れ、その後、肺炎を併発、１９９７年（平成9年）12月、東京の病院で亡くなった。71歳だった。

星はショートショートだけではなく、会社が倒産したときの苦労を書いた『人民は弱し　官吏は強し』や、父を書いた『明治・父・アメリカ』、母方の祖父について書いた『祖父小金井良精《よしきよ》の記』などの長編もあるんだ。

星の作品は残酷な場面やどぎつい描写がなく、わかりやすくファンタジーにあふれていて、世界20カ国の言語に翻訳されている。

亡くなった翌年に「日本ＳＦ大賞特別賞」が贈られている。

今月の名作

星 新一

『ボッコちゃん』

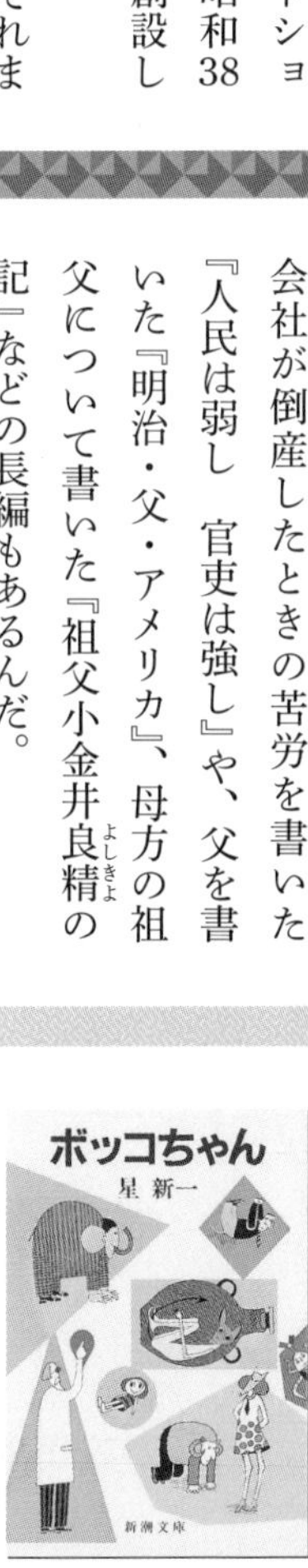

『ボッコちゃん』
590円＋税
新潮文庫

近未来のバーで接客をする人造美人、その名は「ボッコちゃん」。彼女はアンドロイド。適当に客をあしらいながら会話をするが、いくら飲んでも酔わない。そんなボッコちゃんを人間と思ってある青年が恋をしてしまう。そして悲劇が…。

注目!!

中《ちゅう》央《おう》大《だい》学《がく》附《ふ》属《ぞく》高等学校

中央大学附属高等学校は、中央大学の附属校として、大学受験にとらわれない、幅広い教養を身につけるための取り組みの数々を行っています。今回はそうした取り組みの1つ、高3（理系コース）の「卒業論文」についてご紹介します。

国語科と理科の教員がW指導で論文作成

中央大学の附属校であるメリットを活かし、さまざまな魅力ある教育を展開している中央大学附属高等学校（以下、中大附属）。高3生は、文系コース、理系コースともに、「表現研究」の授業で卒業論文を執筆します。論理的な文章の読み方、書き方を学ぶとともに、設定テーマについての文献・資料調査、口頭発表などを経て、最終的に1万字程度の論文を書きあげます。

そのうち、理系コースでの取り組みが今年度からパワーアップしました。国語科の教員に加えて、理科の教員も論文指導にあたることになったのです。

国語科の大高知児先生は「これまでは、理系コースも文系コース同様、社会科学系、人文科学系のテーマを題材にしていました。しかし、理系コースの生徒の多くは、自然科学系の分野に興味を持っていますから、今年から理科の教員にも協力を仰ぐことにしました」と話されます。

それによって、テーマ選定や文献探しにおいても、理科の教員のアドバイスが受けられるようになったため、自然科学系のテーマを設定する生徒が大幅に増加したそうです。

夏休みを使って、各自で実験や調査を行う際も、理科の教員がサポート役を務めるなど、さまざまな場面において、国語科と理科が協力しあっていきます。

この卒業論文の執筆に欠かせないのが、約17万冊の蔵書、5000タイトルの視聴覚資料などに加え、86台のパソコンが設置されている図書館です。オンラインデータベースにアクセス可能なパソコンを1人1台使用しながら、必要な資料を探し出し、その場で文書も作成できます。

そして、3年間かけて多彩なジャンルの本100冊を読破する特色ある取り組み「課題図書」で培った力も論文の執筆に活かされます。

定期試験では、「課題図書」に関する問題が出されるため、指定された本を試験までに読み終えなければなりません。そうして常日頃から読書に親しむことで、活字への抵抗がなくなり、むしろ「活字に対する信頼感、親近感が生まれ、それが論文を書くときの支えになります」と大高先生。卒業論文の執筆は、課題図書の集大成でもあるのです。

「論理的に文章を書く技術、つまり、自分で問いを立て、問いに対する答えを主張して、その主張の正しさを論理的に証明していく力を身につけてほしいと思います。

論文の執筆を通して興味関心を持ったことが、将来へとつながることも考えられます。こうした取り組みができるのは、大学附属校ならではの魅力ですね。」（大高先生）

School Data（共学校）

所在地　東京都小金井市貫井北町3-22-1

TEL　042-381-5413

アクセス

JR中央線「武蔵小金井駅」徒歩18分またはバス6分、西武新宿線「小平駅」バス12分

URL　http://chu-fu.ed.jp/

学校説明会 予約不要	
9月 3日土	13:00
10月29日土	13:00
11月19日土	14:30

白門祭（文化祭）	
9月17日土	9:30～16:00
9月18日日	9:30～15:00

取材レポート

図書館で行われていた理系コースのクラスの「表現研究」の授業を取材してきました。
生徒のみなさんや先生方にお話を伺った内容をレポートします。

Report 01

テーマ選定理由書作成

取材日は卒業論文の『テーマ選定理由書』作成に向け、テーマ選びや文献探しをしていました。図書館は6mの吹き抜けや大きな窓がある開放感のある作りになっており、どの生徒もリラックスしつつも真剣に取り組んでいました。1人1台パソコンを使用できるので、自分のペースで進められるのも魅力です。

Report 02

テーマ選び

先生に相談しながら、論文のテーマを絞っていきます。ライフル射撃部に所属する生徒は、「照度の強さによってビームライフルの的に当たった光の場所が変わるのはなぜか」をテーマに設定。テーマが選べない生徒には、地元が抱える問題など、身近なことから考えていくようにというアドバイスがありました。

Report 03

文献探し

テーマが絞れてきたら、文献を探していきます。長い年月のなかで集められた本はなんと約17万冊にものぼりますが、独自の検索システムを使えば、ほしい本の場所が簡単にわかります。1階フロアに加えて、2階の書庫も自由に行き来ができ、必要な本がすべてこの図書館内で手に入ります。

Report 04

教員に相談

大高先生に加えて、理科の教員3名が授業に参加し、いたるところで生徒への助言を行っていました。理科の先生方からは「質問がするどくておもしろい」「理科の授業とは違って自分で実験を考えなくてはいけないので、いい勉強になるのでは」「教員もいっしょに学んでいる感覚です」という声が。

Report 05

本&パソコン

パソコンの横に本がおかれたこの光景は中大附属の図書館ならではです。「紙メディアと電子メディアを同時に使えるこの光景は、ほかの図書館ではなかなか見られないでしょう。読むことと書くことが同時にその場でできるので、円滑に授業が進められて、非常に効果的です」と大高先生は話されます。

Report 06

蒼《そう》穹《きゅう》

高校レベルを超えた質の高い論文が多数執筆され、その年の論文優秀作品は冊子『蒼穹』に掲載されます。これまでの掲載作品には、アルザス地方の歴史、言語、文化を手がかりに『最後の授業（ドーデ・著）』を読み解いたもの、取材も行い、商店街の活性化について論じたものなどがあります。

あれも日本語 これも日本語

NIHONGO COLUMN NO.79

「日」の入った慣用句

「日」の入った慣用句についてみてみよう。「去る者日々に疎《うと》し」。亡くなった人や遠く離れていった人は、日が経つにつれて記憶から遠ざかり、疎遠になっていく、という意味だ。古代中国の詩から出た言葉で、人生の儚《はかな》さを表しているんだ。「転校したA君のこと、いまはだれも話題にもしなくなったね。去る者日々に疎し、ということかな」なんて使われる。

「秋の日はつるべ落とし」。秋は日が短い。夕方になったと思ったらあっという間に暗くなってしまう。つるべは井戸から水をくみあげる縄のついた桶《おけ》のこと。そこから桶が一気に下に落ちるように秋はあっという間に日が沈むことをたとえているんだ。11月あたりに「部活動やってたら、あっという間に日が暮れちゃった。秋の日はつるべ落としだね」なんていうよ。

「日暮れて道遠し」。日は暮れてしまったけど、目的地まではまだ遠い、ということから、老年になったけど、仕上げていないことがあまりに多い、という意味で使われる。中国の故事から出た言葉で、「年をとってもやらねば」という思いが込められている。

「一日《いちじつ》の長」は1日でも早く、その道に入っている者は有利だという意味。実際は1日でなくてもいいんだ。「彼は1年から剣道をやっていたから、ぼくみたいに2年から始めた者とは腕が違う。一日の長だ」なんて使う。

「日《ひ》々《び》是《これ》好日《こうじつ》」。言葉通りに解釈すると、「毎日がいい日」という意味だけど、本来の意味は毎日を努力していい日にしなくてはいけない、という禅の言葉なんだ。「今日は最悪だ」なんてこともあると思うけど、そういう日でも、「いい日」だと思うことで、反省や希望が湧き、明日につながるんだ。

「小春日和《こはるびより》」。「春」がついているから春だと思ったら大間違い。秋のことだ。陰暦の10月（現在の11月ごろ）の異名が「小春」だから、秋の晴れた穏やかな日のことをいうんだ。

「青天白日《せいてんはくじつ》」は青い空と白い太陽という意味で、心に後ろめたいことがなく、潔白ということだ。「彼は誤認逮捕されたけど、無罪となって青天白日の身になった」なんて使うよ。

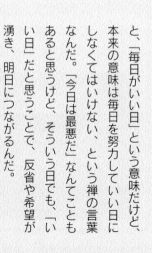

山本 勇

中学3年生。幼稚園のころにテレビの大河ドラマを見て、歴史にはまる。将来は大河ドラマに出たいと思っている。あこがれは織田信長。最近のマイブームは仏像鑑賞。好きな芸能人はみうらじゅん。

春日 静

中学1年生。カバンのなかにはつねに、読みかけの歴史小説が入っている根っからの歴女。あこがれは坂本龍馬。特技は年号の暗記のための語呂合わせを作ること。好きな芸能人は福山雅治。

ミステリーハンターQの

歴男歴女養成講座

ミステリーハンターQ（略してMQ）

米テキサス州出身。某有名エジプト学者の弟子。1980年代より気鋭の考古学者として注目されつつあるが本名はだれも知らない。日本の歴史について探る画期的な著書『歴史を掘る』の発刊準備を進めている。

太閤《たいこう》検地と刀狩り

今回のテーマは豊臣秀吉が行った太閤検地と刀狩りだ。それぞれの内容と、実施による社会の変化を勉強しよう。

勇 ＮＨＫの大河ドラマ「真田丸」に豊臣秀吉が登場するけど、秀吉のやった太閤検地と刀狩りってどういうものなの？

MQ 本能寺の変で織田信長が明智光秀に殺され、その光秀を討った1582年（天正10年）、秀吉は支配地の山城国（現在の京都府南部）で検地を行ったんだ。これが太閤検地の始まりだ。

静 太閤検地の、太閤ってどういう意味なの？

MQ 太閤は関白や摂政の職を譲った人に対する敬称なんだ。秀吉は1585年（天正13年）に関白になったけど、6年後に関白の地位を養子の秀次に譲って太閤を称したんだ。

勇 秀吉はどうして検地を行ったの？

MQ 天下を統一するにあたって、全国の田畑を測量し、統一した尺度で石高《こくだか》（生産量）を定め、それに従って年貢（租税）を課すことが必要だと秀吉は考えたんだ。

静 それまでは尺度はばらばらだったの？

MQ 大名によって異なっていたんだ。1584年（天正12年）の近江（現在の滋賀県）検地からは1反《たん》（約1000㎡）を300歩《ぶ》とし、田畑の質を4段階に分けて、生産量を定めたんだ。

石田三成や浅野長政といった優秀な官僚を担当者にして、厳密な調査を行った結果、領主が直接に農民（生産者）を掌握できるようになり、それまでの荘園制は終止符を打ったんだ。1反＝300歩はいまも変わらないよ。

勇 刀狩りを行ったのは、検地のあと？

MQ あとのことではないんだ。秀吉は1588年（天正16年）に刀狩令を出す。つまり、刀狩りは検地と並行して行われたんだね。戦国時代までの農民は日本刀などの武器を所有していて、農閑期には領主（戦国大名）に従って合戦に出かけたりしてたけど、天下を統一したことで、秀吉は農民の武力反抗を未然に防ぎ、武士による政権の安定を図るために刀狩りを実施したんだ。

静 それまでは武士と農民の差はあまりなかったのね。

MQ 農民のなかには合戦で手柄を立てて、武士に取り立てられ、出世する者もいたんだ。秀吉自身がそうした経歴の持ち主だね。刀狩令が行われたことで、武士と農民、町民の身分の分離、固定化が進み、やがて江戸時代を迎えるんだ。

サクニュー！ ニュースを入手しろ！

Success News

▲PHOTO EU離脱を問う国民投票の投票用紙を集計する職員たち（2016年6月23日イギリス・バーミンガム）写真：AA/時事通信フォト

今月のKeyword▼

イギリスがEU離脱

イギリスがヨーロッパ連合（EU）を離脱することになりました。

離脱の是非を問う国民投票が6月23日に実施され、開票の結果、離脱賛成が51.9%。反対が48.1%となり、僅差で離脱が決まったのです。

EUは1993年のマーストリヒト条約によって、域内の関税の撤廃、通貨の統一、交通の自由化などにより巨大な経済市場を作ることなどを目的に設立されました。原加盟国はイギリス、ドイツ、フランス、ベルギー、オランダ、ルクセンブルグの６カ国で、現在は28カ国に膨れあがっています。

EU域内ではパスポートなしでの行き来が可能で、イギリスを除いて統一通貨「ユーロ」が使われています。

しかし、一方で近年増加している中東などからの難民の受け入れ問題、さらには経済活動などでEUのルールに従わなくてはならないことへの不満、経済危機の国への支援による負担への反発などが増大し、ナショナリズムの台頭ともあいまって、イギリスをはじめ各国でEU離脱の動きが活発化していました。

こうしたなか、イギリスでは議会で離脱を求める勢力が大きくなったことから、５年前にキャメロン首相が離脱反対の立場から国民投票で国民の意思をはっきりさせたい、と公約しました。こうして行われたのが６月の国民投票です。

キャメロン首相は離脱派が勝つとは思わず、国民投票を実施したのですが、結果は裏目に出ました。離脱決定の結果はヨーロッパだけでなく、日本を含め世界に衝撃を与えました。同時に、原加盟国のイギリスの離脱決定は、他の加盟国での離脱派を勢いづかせることにもなっています。

キャメロン首相は辞意を表明し、新たにメイ前内相(女性)が首相に選ばれました。

新首相は９月に入ってから、ＥＵとの本格的な離脱交渉を行うことになりそうです。

また、離脱に賛成したイギリス国民のなかにも、世界の衝撃の大きさから、再投票を求める動きがみられます。

EUから加盟国が離脱するのは初めてのことなので、今後、EUとイギリスがどのような交渉を行うのか、離脱によってどのようなメリットとデメリットがあるのかは、現時点ではまだはっきりとはわかりません。

イギリスの離脱問題は不透明さが増すなかで、まだしばらく混乱が続きそうです。

コース制でキャリアの実現をめざす

文京学院大学女子《ぶんきょうがくいんだいがくじょし》高等学校

所在地　東京都文京区本駒込6-18-3
アクセス　JR山手線・地下鉄南北線「駒込駅」・JR山手線・都営三田線「巣鴨駅」徒歩５分
TEL　03-3946-5301　　URL　http://www.hs.bgu.ac.jp/

２０１２年度（平成24年度）にスーパーサイエンスハイスクール（ＳＳＨ）、２０１５年度（平成27年度）にスーパーグローバルハイスクール（ＳＧＨ）アソシエイトに指定された文京学院大学女子高等学校（以下、文京学院女子）。２０１５年度よりコース制度を一新し、「国際教養」「理数キャリア」「スポーツ科学」の３コース制となりました。

広報企画主任の床爪克至先生は、「これからの世の中では、なにかを探究して発信していく力が必要とされます。そうした力を高校時代に身につけ、自分の得意分野を伸ばしてもらうために、コースを再編しました。生徒には、自分にしかできないことを見つけてその部分を磨き、社会貢献できるような人材へ育ってほしいと思っています」と話されます。

今回はそんな３つのコースそれぞれの特徴をご紹介します。

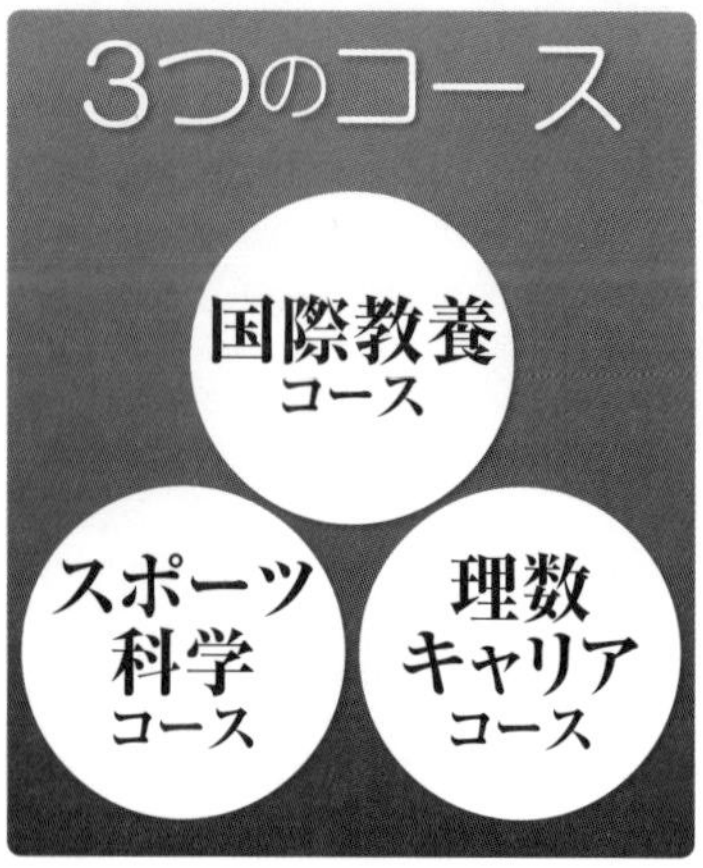

【国際教養コース】
ＳＧＨアソシエイト指定でさらに充実した教育を実践

国際教養コースでは、ＳＧＨアソシエイト校として国際的な視野を持った探究力を養います。

アドバンストクラスでは、多読、多書、多聴をベースにした質の高い英語の授業や、放課後の国際塾、25日間の英語研修をはじめとした多彩な海外研修プログラム、3カ月、1年間留学などを通し、英語力も鍛えます。高2からスタートするαクラスでは、卒業までに英語で論文が書けるような力を身につけさせ、ＳＧＵ（スーパーグローバルユニバーシティ）や海外大学（提携大学も複数あり）へスムーズに導きます。βクラスでは、英語力を伸ばしつつ、文系全般の学力を引きあげ、難関突破にチャレンジします。スタンダードクラスは、学力だけではなく、多面的な能力を引き出し、国際社会に貢献できる、明るく、心豊かな人材を養成します。

基本教科の授業に加えて、国際性も身につけられるような独自科目を設定しており、前述の国際塾には、他コース生も受講できる色々なプログラムがありますが、国際教養コース生用に、プレゼンテーションやエッセイライティングなどの特別な講座が開かれています。また、希望者を対象とした25日間のアメリカ語学研修は、「昨年からスタートしましたが、私たちの予想を上回る応募者がいました」（床爪先生）という人気ぶりで、全員参加の研修旅行もオーストラリア・マレーシア・関西方面から行き先を選択できます。

夏休みには、午前中は学校で講習を受け、午後は外務省やＪＩＣＡなどの施設を訪問するグローバルスタディーズセミナーを実施。講習では、英字新聞を読んだり、国際社会の問題点を英語で学んだりと、普段の授業とはひと味違った内容を扱います。

【理数キャリアコース】
これまで培ってきたSSHの教育を継承

文京学院女子では、今回のコース再編前から理数教育に特化したクラスを設置し、SSHとしての強みを活かした理数教育を展開してきました。新設された理数キャリアコースは、従来から行われてきた教育ノウハウを引き継ぎ、国際的に活躍できる研究者を育成するための教育を実践しています。

このコースには、アドバンスト、スタンダードの2種類のクラスがあり、高2進級時に入れ替わる可能性もあります。どちらのクラスでも、通常授業のほかに、SS数理演習、SSプレカレッジなどの学校独自科目や課外のSSクラブで「課題研究」に取り組みます。探究力に加え、英語での発信力養成にも力を入れています。

『SS国際情報』『SSコミュニケーション』という、英語で科学を教わる授業が生徒たちには好評です。授業担当のアラン先生は元々科学者で、論文とプレゼンテーション指導のエキスパートです。」（床爪先生）

連携教育も魅力的で、タイのプリンセス・チュラボーン高校とは毎年双方の生徒を派遣してポスター発表会や共同研究を行い、科学英語を実践する場となっています。そのほか東京理科大、芝浦工大、工学院大との高大連携プログラムや、小中学生への実験指導なども実施しています。

将来、科学者として活躍するために必要不可欠な数学の力を伸ばす「科学塾」や、グループに分かれてそれぞれ興味のあるテーマについて研究していく「SSクラブ」などに参加しながら、学力と探究力をバランスよく伸ばしていける環境があります。

【スポーツ科学コース】
スポーツ科学に精通する人材を育成

コース再編によって新たに設置されたのが、スポーツ科学コースです。「本校には、元々スポーツにかかわる仕事につきたいという生徒が多くいました。東京オリンピックの開催も決定し、これからスポーツに関する分野の人材がどんどん求められる時代になるとの考えから生まれたコースです」と床爪先生。

勉強と運動部の活動を両立するためのバックアップ体制が万全に整えられているため、無理なく文武両道を実践することができ、スポーツ・サイエンス・ラボでの探究活動を通して、将来に直結するようなスポーツ科学分野の知識を身につけていきます。

高2が参加する海外スポーツ研修では、オーストラリアのセントマーガレット校という、スポーツが盛んな高校を訪れます。生徒たちはこの研修旅行に備えて、自分の得意なスポーツを現地の学生に英語で教えられるよう、語学力を伸ばしていきます。そして、現地ではサッカーやバレーボールなどをお互いに教えあったり、文京学院女子生にはなじみのうすい水泳を教わったりと交流を深めていくなかで、スポーツをするうえで大切なチームワークの重要性も学んでいくのです。

【説明会情報】

■学校説明会 ※のみ要予約
8月27日(土)10:00～12:00※
10月29日(土)14:30～16:30

■授業が見られる説明会 要予約
9月17日(土)10:00～
10月15日(土)10:00～

■学園祭
9月24日(土)10:00～15:00
9月25日(日)10:00～15:00

■部活体験ウィーク 要予約
10月 3日(月)～8日(土)
16:30～

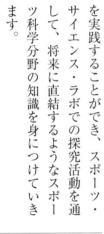

情熱と行動力で困難は乗り越えられる

サクセス書評 9月号

今月の1冊

『やらなきゃゼロ！ 財政破綻した夕張を元気にする全国最年少市長の挑戦』

「破産」という言葉がある。わかりやすくいうとお金がなくなるということだけれど、自治体（都道府県や市町村）にも同じことが起こるということを知っているだろうか。正確には「財政破綻」といい、近年だと、ギリシャの財政破綻が大きなニュースになった。

「夕張メロン」で知られる北海道夕張市は、2007年から、この財政破綻によって大変な困難に直面することになった。お金がないので、市民の負担は大きいのに、本来受けられるはずの行政サービスの質や量は、その負担に見合わないものしかないのだ。

この夕張市に、2011年、全国最年少30歳の鈴木直道市長が誕生した。当時大きな注目を集めたのは、30歳という年齢もそうだけれど、彼が夕張市や北海道の出身でもなんでもなく、前職が東京都の職員だったということだ。

立候補の前に東京都からの派遣によって、夕張市で2年間働き、それが縁になったのだけれど、とはいえ、ただでさえ普通の地方自治体よりも厳しい環境に置かれている夕張市の市長に、安定した職業を捨てて挑戦したということが、多くの人々の興味をひいた。

そんな彼の一見、無謀ともいえる挑戦について、自身の言葉でつづられている1冊が、今回紹介する『やらなきゃゼロ！』だ。

大半の人に「バカなことを考えるな」「少し冷静になれ」などと諭されたにもかかわらず、それでも突き進めたのはどうしてなのか。なぜ、縁もゆかりもなかった夕張市のために、人生をかけてまで働こうと思ったのか。

彼の生い立ちから、夕張市に出向してからの2年間、そのあと、市長選に出馬することになったいきさつ、圧倒的に不利と言われたなかでスタートした選挙戦、当選後のさまざまなエピソードなどが、著者自身の言葉でみんなに語りかけるように描かれている。

市長とか選挙とかいうと難しそうに感じるかもしれないけれど、それよりも困難に思えることに対して前向きに立ち向かっていく著者の姿が印象に残ることだろう。

『やらなきゃゼロ！ 財政破綻した夕張を元気にする全国最年少市長の挑戦』

著／鈴木 直道
価格／820円＋税
刊行／岩波書店

サクセスシネマ

VOL.79

SUCCESS CINEMA

なにかが起こる特別な夜

夜のピクニック

2006年／日本
監督:長澤雅彦

『夜のピクニック』
DVD発売及びレンタル中
2,267円＋税
発売元・販売元:株式会社ハピネット

高校生たちの熱い行事

非日常的な気分になれる学校行事。気分が高まって元気になれたり、いつもとは少し違う自分になれたりしませんか。

貴子は高校３年生。全校生徒が80kmの道のりを夜通し歩く「歩行祭」の日に、自分のなかである決意をしていました。それは同じクラスにもかかわらず、まったく会話をせずに過ごしてきた１人の男子と話すこと。そんなの簡単、と思ってしまいますが、貴子には親友にも言っていない秘密があり、その秘密に彼がかかわっているのです。

恋愛、友情、挫折、葛藤、さまざまなドラマが生まれる80kmの道のり。高校生ならではの若さあふれる個性豊かな登場人物たちが道中を盛りあげます。決して容易ではない行事ですが、互いに励ましあいながらつらさを乗り越えていくことで、貴子やクラスメイトたち、それぞれがいままで閉じこもっていた殻を突き破り、成長していく様子が感じられます。

青春真っただなかの高校生たちの熱い行事。挑戦し目標を達成することが自信と勇気を与えてくれることを改めて教えてくれる作品です。

ナイト ミュージアム

2007年／アメリカ
監督:ショーン・レヴィ

『ナイト ミュージアム』
ブルーレイ発売中
1,905円＋税
20世紀フォックス ホーム エンターテイメント ジャパン

夜の博物館は大騒ぎ

動物のはく製やろう人形など、さまざまな展示物で色々なことを知ることができる博物館。勉強にもなって楽しいですよね。でも、もし展示物が動き出したら？

仕事で失敗し失業中のラリー。新しく見つけた仕事は、博物館の夜間警備員でした。ようやく見つけた仕事にもかかわらず、ラリーはマニュアルも読まずに初日から居眠り。しかしそこで不思議なことが起こります。恐竜の標本、動物のはく製、ミニチュア人形といった展示物が動き出し、館内で大騒ぎを始めたのです。いったいどうなっているのでしょう。夜になると動き出す展示物の秘密とは？

展示物たちそれぞれが持つ歴史的な背景を織り交ぜたエピソードやセリフが笑いを誘います。そして、次から次へとラリーに襲いかかるハプニング。いたずら好きなサルにマニュアルを奪われたり、ミニチュア人形に矢で狙われたりと、ラリーにとっては災難ですが、次はどんなことが起こるのかとワクワクしてしまいます。これまで仕事で失敗続きだったラリーがそのハプニングにどう立ち向かっていくかも見どころです。

銀河鉄道の夜

1985年／日本
監督:杉井ギサブロー

『銀河鉄道の夜』
価格　￥3,800+税
発売元　アスミック・エース株式会社
販売元　株式会社KADOKAWA

不思議な宇宙の旅へ

宮沢賢治による『銀河鉄道の夜』は、ミュージカルや演劇、テレビドラマなどにも派生している日本文学の代表作ともいえる作品です。本作は、その名作をマンガ化し、それをもとに映画化したアニメーション作品。登場人物たちは擬人化された猫になっています。

ジョバンニは、クラスメイトからいじめを受けていることで自分に自信が持てず、生きている意義を見つけられないでいました。そんなジョバンニはある夜、不思議な列車に乗り込みます。それは宇宙を走る銀河鉄道。列車には、ジョバンニの唯一の友であるカムパネルラも乗っていました。銀河鉄道が向かう先とはいったいどこなのでしょう。

化石発掘者や鳥捕り、そして、幼い姉弟との出会いなど、旅路のなかで起こるさまざまな出来事。哲学的で難解な部分もありますが、ジョバンニとカムパネルラがその旅でなにを感じたのか、みなさんなりに彼らの旅の意義を模索してみてください。

幻想的な音楽が、いっそう深く銀河の旅へといざなってくれることでしょう。

学習とクラブ活動に思いきり取り組める環境
全員が同じスタートラインから第1志望校をめざす

保善高等学校

HOZEN HIGH SCHOOL

School Information

所 在 地：東京都新宿区大久保3-6-2
アクセス：JR山手線・西武新宿線・地下鉄東西線「高田馬場駅」徒歩8分、地下鉄副都心線「西早稲田駅」徒歩7分
Ｔ Ｅ Ｌ：03-3209-8756
Ｕ Ｒ Ｌ：http://www.hozen.ed.jp/

クラブ活動が盛んなことで知られる保善高等学校。運動部だけでなく、文化部も盛んで、生徒は伸びのびと自分の好きなことに打ち込んでいます。その一方で、1年次から個々の進路に合わせたクラスを編成し、毎年約8割という高い現役大学進学率を誇っています。

創立から90年以上の歴史を誇る保善高等学校。東京・高田馬場という都心に位置しながらも緑に囲まれたキャンパスには、トレーニングルームや武道場、昨年8月に完成した人工芝のグラウンドなどの運動施設、そして豊富な実験器具を備え高度な実験を行える生物・化学・物理それぞれの実験室といった学習施設が整えられています。こうした恵まれた環境で生徒は文武両道に励み、近年、大学合格実績を伸ばしています。

1年次からクラスに分かれ高い意識を持ち学習に励む

「本校は併設する中学校も大学もない単独校です。生徒は入学するとみな同じスタートラインに立ち、1年次から第1志望の大学へ合格するという高い意識を持って学校生活を送っています」と入試広報部長の三本松修先生が話されるように、保善では、1年次から大学受験を意識したクラスが編成されます。それが「特別進学クラス」「大進選抜クラス」「大学進学クラス」の3つです。

「特別進学クラス」は国公立大や難関私立大への進学をめざします。週4回の7時限授業、国公立大の5教科7科目入試や医・歯・薬系の入試に対応できるカリキュラムが組まれているのが特徴です。

「大進選抜クラス」は、G－MARCHレベルの大学合格を目標とします。東京理科大・立教大・中央大・法政大・学習院大・青山学院大をはじめ、すでに難関私立大学への合格結果を残しています。

「大学進学クラス」は中堅以上の私立大への進学をめざします。基礎学力を確実に養いながら、選択科目を多く用意し、個々の進路に合わせた指導を展開しています。

進級時に上位クラスを希望する生徒には、特進統一テストを実施し、条件を満たせば異動が可能です。

「わかるまで、納得するまで生徒と向き合う」というのが保善の教科指導であり、講習や補習が充実しているのも大きな魅力です。放課後には各教科で補習が行われ、長期休暇にはクラスごとに習熟度別の講習が無償で用意されます。昨年は、のべ169もの講習が実施されました。

また、大学受験に効果的な英検の学習にも積極的に取り組み、全員に受験を義務づけています。

進路指導では、将来の職業までしっかりと考えてから大学、さらには学部・学科を選ぶよう指導がなされ

進路指導

1人ひとりの進路に対して、真剣に向きあい、将来を見据えた受験指導が行われます。

理科実験室

実験室には豊富な実験器具に加え、プロジェクターも完備されています。

運動部

サッカー部など、全国大会をめざす強化指定クラブを筆頭に、活発に活動する運動部。

校庭（人工芝）

昨年8月に校庭が人工芝に改修され、教育環境がよりいっそう充実しました。

ます。こうしたきめ細やかなサポート体制が合格実績の伸張につながっているのでしょう。

運動部・文化部ともに盛ん クラブ加入者の進学率85％

「生徒にとってはあくまで勉強が第一ですが、クラブ活動も高校生活において大切です」と三本松先生が話されるように、保善では、約8割の生徒がクラブに加入しています。

運動部は全国大会をめざす強化指定クラブのラグビー部、バスケットボール部、空手道部、陸上競技部、サッカー部を含む14、文化部は20（同好会含む）の部があります。そのなかには、文学散歩部や知的ゲーム部などユニークなものもあり、女子の目を気にすることなく、自分の好きなことに伸びのびと打ち込めるのは男子校のよさといえるでしょう。

クラブ活動に時間をとられると勉強がおろそかになってしまうのではという心配があるかもしれませんが、「クラブ活動をしている生徒は有効な時間の使い方を身につけています」と三本松先生。その言葉通り、今春の卒業生のうち、クラブ加入者の大学現役進学率は85％でした。

クラブ活動に積極的に取り組みながら、学習との両立で第1志望の大学をめざすことができる保善高等学校。最後に三本松先生は「本校ではお互いの個性を認め尊重しあう、相手の気持ちや痛みをわかりあえる人材を育てています。みなさんも本校での3年間を通じて立派な男子へと成長できるはずです。文武両道を実践し、充実した学校生活を送りましょう」と話されました。

学校説明会・施設見学会

すべて10：00

8月27日（土）　10月15日（土）　10月29日（土）
11月12日（土）　11月19日（土）　11月26日（土）
12月3日（土）

受験生と保護者の個別受験相談会

10：00～15：00

11月27日（日）　12月4日（日）　12月10日（土）
12月17日（土）

15：00～18：00

12月5日（月）　12月6日（火）　12月7日（水）
12月8日（木）　12月9日（金）

文化祭

9：00～15：00

9月24日（土）
9月25日（日）

※個別受験相談コーナーあり

体育祭

8：30～14：00

10月1日（土）

※個別受験相談コーナーあり

なんとなく得した気分になる話

身の回りにある、
知っていると勉強の役に立つかも
しれない知識をお届け!!

パン食い競走は古い？

先日、子どもの学校の運動会に参加してきたんだよ。

参加したって言ったね。なんの競技に出たの？

玉入れだ。

へえ～。玉入れなんて小学校低学年以来してないなあ。

最近の運動会は昔と違って変わった気がするんだよ。

どこが??

まず、パン食い競争がない！

パン食い競争？

やったことあるかい？

ないなあ…。

昔は運動会と言えばパン食い競争！　と言われた伝統芸みたいな競技なんだけど。

どんなふうにやるの？

スタートして、前方に吊るされたパンを手でつかまずに口だけで取る競技だ。

なんかそれ、汚くない？

えっ？　お行儀が悪いってこと？

いや、単に衛生的に…。だって、口で取ろうとして万が一そのパンが落ちたら校庭の砂だらけのパンを口で拾うことになるんでしょ？　お腹壊しそうで、ちょっと心配。

君は、やはり現代っ子だね。

どうして？

さすがに落ちたパンは口で取らないよ。それに、昔はあんぱんがそのままヒモで吊るされていたけど、いまやる場合は、ビニールのパックに入ったまま口で取るらしい。

それなら安心だね。でも取りにくそう…。

なんだか取れたパンのパッケージがヨダレだらけって感じがするなあ～。

本当だね（笑）。

ほかには借りもの競争とか、ムカデ競争なんてのもある。

借りもの競争はやったことあるよ！　ハンカチとかメガネとか…。

借りもの競争は盛りあがるよね。

借りものに「お年寄り」とかもあったなあ。

へえ…って、それ、借りものじゃなくて借り人競争でしょ。それに借り出された人が「私はまだ年寄りじゃない！」とか言ったらどうなるの？　ある意味、借り人に大変失礼なテーマだな（笑）。

先生、運動会っていつからやってるの？

諸説あるんだけど、どうも明治時代かららしい。それも、決まったプログラムで行うのは日本の文化でもあるらしいよ。

へえ～。

日本人はほかの国の人に比べて、決められたことを行うのは得意みたい。きっと土地も世界に比べれば小さいからかもね。そのエリアのなかでの運動という意味でね。

なるほど！　まるで先生の作るテストみたいなもんだね。

なんで??

先生の作るテスト問題は、教科書からしか出ない。つまり狭い領域からしか問題が出ない。

範囲が狭いということかい？

こちらはありがたいけど…。

物足りないの？　テストに難問とか解きがたい問題がほしいのかい？

いや、違うんだよ。学年に応じて一度作った問題が何度でも出るから。ヤマが当たりやすいと塾の先生が言ってた。

なるほど！　そう！　それは事実だ！　わっはっは。

開き直られても困るなあ。せめて、パン食い競争のように定番でも盛りあがりたいなあ～。

テストは運動会じゃない！

頭の運動会だよ！

今日は冴えてるなあ…。

うん、さっきパン食べたからね（笑）。

高校受験 ここが知りたい Q&A

Question & Answer

Q

私立高校入試において英単語はどれくらい覚えればいいの？

私立高校を第１志望に考えています。難関私立高校の英語の入試問題では難しい単語も多く出てくると思うのですが、そうした問題に対応するためには、どれくらいの数の英単語をマスターしなければいけないのでしょうか？

（東京都世田谷区・中３・KN）

A

基本の約1200語にプラスして500～800語の英単語・熟語をチェック

一応の目安として、文部科学省は中学生が到達する目標数を約1200語と定めています。これらの単語は教科書などに出てくるものですから、多くの中学生のみなさんが学校の授業などを通して普通に接している基本単語といえるでしょう。

さて、基本単語に加えて、私立高校入試の英語の長文問題などでは、かなり多くの英単語が登場します。なかには中学生が普段あまり接しないと思われる難しい単語が出てくることもあります。しかし、そのような単語には注釈をつけるなどして、受験生が英文を理解する手助けとなるような配慮をしている学校がほとんどですので安心してください。

こうしたことをふまえて、私立高校入試を受けるにあたって必要な英単語数を考えてみると、上記の基本単語約1200語に加えて、約500～800語の英単語と熟語表現を知っていれば十分ではないでしょうか。これらについては、正確なつづりまでマスターしなくてもかまいませんので、英単語や熟語を見て日本語の意味がわかるようにしておきましょう。

市販の教材や塾の教材は、難関私立高校の入試で扱うような単語も登場する構成になっています。教科書に加えて、そうした教材もうまく活用することで、志望校の英語入試に対応する力を身につけていきましょう。

Success Ranking

夏季五輪獲得メダル数ランキング

４年に１度の夏季オリンピックがブラジルのリオデジャネイロで開催中ということで、今回は夏季オリンピック過去４大会の国別獲得メダル数ランキングを紹介するよ。日本は２大会で10位入り。今年の結果も楽しみだ。

2000年　シドニーオリンピック

順位	国・地域	金	銀	銅	計
1	**アメリカ**	40	24	30	94
2	ロシア	32	28	29	89
3	中国	28	16	14	58
4	オーストラリア	16	25	17	58
5	ドイツ	13	17	26	56
6	フランス	13	14	11	38
7	イタリア	13	8	13	34
8	オランダ	12	9	4	25
9	キューバ	11	11	7	29
10	イギリス	11	10	7	28
15	日本	5	8	5	18

2004年　アテネオリンピック

順位	国・地域	金	銀	銅	計
1	**アメリカ**	35	39	29	103
2	中国	32	17	14	63
3	ロシア	27	27	38	92
4	オーストラリア	17	16	17	50
5	日本	16	9	12	37
6	ドイツ	13	16	20	49
7	フランス	11	9	13	33
8	イタリア	10	11	11	32
9	韓国	9	12	9	30
10	イギリス	9	9	12	30

2008年　北京オリンピック

順位	国・地域	金	銀	銅	計
1	**中国**	51	21	28	100
2	アメリカ	36	38	36	110
3	ロシア	23	21	29	73
4	イギリス	19	13	15	47
5	ドイツ	16	10	15	41
6	オーストラリア	14	15	17	46
7	韓国	13	10	8	31
8	日本	9	6	10	25
9	イタリア	8	9	10	27
10	フランス	7	16	18	41

2012年　ロンドンオリンピック

順位	国・地域	金	銀	銅	計
1	**アメリカ**	46	29	29	104
2	中国	38	27	23	88
3	イギリス	29	17	19	65
4	ロシア	24	26	32	82
5	韓国	13	8	7	28
6	ドイツ	11	19	14	44
7	フランス	11	11	12	34
8	オーストラリア	8	15	12	35
9	イタリア	8	9	11	28
10	ハンガリー	8	4	6	18
11	日本	7	14	17	38

ランキングは金メダル数の多い順。国際オリンピック委員会および各国オリンピック委員会発表データを基に作成。金メダル数が同数の場合は銀メダル数の多い方を上位とした。

受験情報

Educational Column

15歳の考現学

人間を否定するようなストレスに直面しても「逃れる方法」はあるので諦めないこと

私立 INSIDE

私立高校受験

首都四都県の
私立高校入試制度

公立 CLOSE UP

公立高校受検

「早慶上理」の合格件数は
5年前とどう変わったか

BASIC LECTURE

高校入試の基礎知識

模擬試験の特徴を知って
結果をうまく活用しよう

神奈川

2017年度神奈川公立高校の共通選抜は2月15日

神奈川県教育局は、2017年度（平成29年度）公立高校の入試日程を発表した。

■共通選抜

◇入学願書受付日
2017年1月30日(月)～2月1日(水)

◇志願先変更期間
2月6日（月）～8日（水）

◇学力検査
2月15日（水）

◇面接および特色検査
2月15日（水）～17日（金）

◇合格発表
2月28日（火）

◇

■二次募集（全日制）

◇入学願書受付日
3月2日（木）・3日（金）

◇志願先変更期間
3月6日（月）・7日（火）

◇学力検査
3月9日（木）

◇合格発表
3月16日（木）

※各校の選考基準は県教育委員会のHPに、学科ごとの一覧表が掲載されている。例えば**横浜翠嵐**は、特色検査で自己表現検査、学力検査で5教科を実施し、第1次選考では評定2：学力検査6：面接2：特色検査2の比率で評価する。**湘南**は特色検査で自己表現検査、学力検査で5教科を実施し、第1次選考では評定3：学力検査5：面接2：特色検査1の比率で評価する。

神奈川公立高校入試でもマークシート方式

神奈川県教育委員会は、2017年度公立高校入試について、共通選抜の学力検査では記号選択式問題の解答にマークシート方式を導入することを決めた。

マークシート導入については、8～11月に導入に向けた準備、12～1月にかけて読み取りのテストを実施。また、10月よりリーフレットの作成・配布、学校説明会などにより、マークシート方式の導入について周知を図る。

解答用紙（マークシート）のサンプルは、12月に県教育委員会のHPに掲載する。

また、採点日を従来より1日加えることとし、教員が集中して採点・点検業務が行える環境の確保や休憩時間の確保についても徹底を図る。

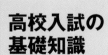

Educational Column

15歳の考現学

人間を否定するようなストレスに直面しても「逃れる方法」はあるので諦めないこと

森《もり》上《がみ》 展《のぶ》安《やす》

森上教育研究所所長。1953年、岡山県生まれ。早稲田大学卒業。進学塾経営などを経て、1987年に「森上教育研究所」を設立。「受験」をキーワードに幅広く教育問題を扱う。近著に『教育時論』（英潮社）や『入りやすくてお得な学校』『中学受験図鑑』（ともにダイヤモンド社）などがある。教育相談、講演会も実施している。
HP：http://www.morigami.co.jp
Email：morigami@pp.iij4u.or.jp

現代人が直面しているストレスからどう逃れるか

先日、スタンフォード大学の教授・スティーブン・マーフィ重松先生が出された『スタンフォード大学マインドフルネス教室』（講談社刊）の出版記念会に出かけてきました。

本の題名となっているマインドフルネスというのは、アメリカの名だたる大企業などで大流行している瞑想法です。「ある特殊なやり方で注意を払うこと、つまり今という時間において、価値判断を加えることなく、注意を払うこと」（マインドフルネス・ストレス低減プログラム開発者・ジョン・カバット・ジン上梓書より再引用）だそうで、先日のＮＨＫスペシャル「キラーストレス」でも取り上げられていました。

前記した重松先生は、スタンフォード大学というアメリカでも屈指の名門大学で、そのマインドフルネスの講義をされていて、その一端を著書にされた、とのことでしたが、そのスピーチのなかで、ひと際出席者の注目を集めたのが、重松教授が勤務するそのスタンフォード大学の50%にものぼる数の学生が、なんらかの精神的苦痛を訴えてクリニックの門を叩く、という現状でした。

まさに、人の心を蝕むキラーストレスが、アメリカの大学生――しかも、優秀な学生を襲っている現実があるのです。

マインドフルネスに不案内な筆者でもそのような現実を知ると、いかに心の病が広まっており、これに対処する、あるいは予防することが大切か、という気持ちに駆られました。

ＮＨＫスペシャルは、まさにそんなストレスへの予防、軽減法として、マインドフルネスを、その主唱者の後継者であるマサチューセッツ医科大学教授に取材し、科学的な証拠を映像化していました。

筆者としては、そもそも東洋の仏教の流れをくむこの方法がストレス低減法として西洋の科学で、いわば市民権を得て大学で講義され、大企業での研修に用いられるまでになっている事実に驚かされます。

著書に紹介されていることを孫引きすれば、「２０１４年2月3日発行のタイム誌はその表紙で『マインドフル・レボリューション』を宣言し、マインドフルネスを『ストレスで疲れ切ったマルチタスキング（同時処理）文化に心の集中を見出すサイエンス』と呼んだ」そうです。

日本の大学生がスタンフォード大学生ほど疲れているということは耳にしませんが、一方で、厚生労働省の調査では中小企業・大企業問わず、1週間以上の休暇を積極的な理由でとった人の割合は50%を超えていたはずだ、と思います。

つまり、日本でも対岸の火事では済まされず、大人の多くがストレス、しかもNHKスペシャルの表現を借りれば恐ろしい心の病を引き起こす「キラーストレス」に悩まされている、ということですね。

どんなにつらい場面でも それを逃れる方法はある

ところで中学生にとって大問題は「いじめ」です。学校の場合、学校の荒れがあるところではいじめは常態化していると考えてよく、当然、勉強どころではなく、よほど超然とした実力者でないと、この無秩序状態がもたらすいじめの連鎖からは逃れることは甚《はなは》だ困難です。

学校の荒れは、教師も被害者になります。教師の場合、親との板ばさみで心の病を抱え込むことも少なくありません。

やはりそうした無秩序な集団を建て直すには、相当のリーダーが必要ですし、そのリーダーのフォロワーとなる親、教員、地域の協力が欠かせません。

高校受験は高校を選ぶ作業でもあります。とくに私立の場合は評判が生命《いのち》ですから、いかに学園の雰囲気がよいかをアピールすることがつねです。公立高校でも上位校ともなると、これに地域やOBが応援団となってよい校風を醸成しようとします。

その意味で、難しいのは公立中学です。

職業柄、筆者などの周囲でも成績向上の方法が話題にのぼりますが、おそらく、いま述べたことが、なによりの解答になると思うのです。すなわち、学校の荒れがなく、生徒の心が学習や行事に集中できる環境こそ、ということではないでしょうか。

じつは筆者は三男が公立中学でこの学校の荒れを経験しています。それを見事によい学校に建て直したのは、建て直し実績を見込まれて三男が中3のときに赴任された校長でした。みるみる学校に秩序が回復されていき、三男もやっと勉強に身が入った、と大学生のころになって聞いてびっくりした思いがあります。

やはり中学生の心のなかは、たとえ親であれ、否、親であればこそ言い出しにくい友人関係の難しさがあるのでしょう。

三男はいかにして学校の荒れに対処したかを聞いてみました。

1つは、クラブのキャプテンに名乗りをあげて就任したこと、もう1つは、腕力に自信のある親分肌の友人が、ことがあればかばってくれる、いわば親分子分関係になったこと、だと言っていました。

三男のクラブの顧問は学校のなかでも一目おかれる強い先生なので、そのクラブのキャプテンとなればそれなりの立場を維持できる、というわけです。もう1つの強い生徒と親分子分関係にあった、という話は筆者より子どもに近しい妻もびっくりしていました。まったく大人からは伺いしれない世界があるのです。

つまり、三男の経験は、おそらく荒れた学校なら特別に弱い生徒でなくても経験するだろう立場であり、その場合の1つの手法だったろうと思います。強いリーダーシップの持てる子どもばかりではなく、ごく普通の子が本能的に自らを守る方法としてはそれもあり、でしょう。

とはいえ、荒れている間は勉強どころではなかったと言っていたのですから、本来の力の何分の一かは削がれていたということになります。

学校が落ち着き授業や行事に集中できるようになれば、当然ながら成績はあがります。なんと三男の中学校全体の平均偏差値が中3のとき60台になりました。中2や中1では50台そこそこの学校だったのです。

その校長は、いま、ある私立中高の副校長さんですが、三男の学校で、まずやったような学校始業時の集中タイムの重要さは、いまも活かしている、ということでした。

おそらく、アメリカの学校でも、そして日本の学校でも、そうした教育はされていて、なんらかの形で意識を集中させる試みが成果を生んでいるようです。

みなさんももちろん、これから高校受験をして高校生活へと向かっていく、人生で学ぶことの最も多い時期ですから、その時期を心のなかが乱れて過ごさなければならないとしたら、持っている能力のおそらく半分も活用できません。

自分だけではどうしようもない、と思わずに自分にできること、そして人に頼ることも含め、さまざまに打てる手は打って心の平和を作り出せるようにしてみませんか。成績は十二分に向上します。

私立
INSIDE

首都四都県の私立高校入試制度

首都四都県には私立高校が約350校あります。それぞれの建学の精神によって運営されていますから、学校によってさまざまな特徴があります。入試制度についても各校に独自性がありますが、その入試システムには各都県それぞれに決められた枠組みがあります。今回は首都各都県の入試制度を簡単にご紹介します。

私立高校の入試制度

東京都の私立高校

東京都内の私立高校の入試制度には、ほとんどの高校で、1月下旬に実施される「推薦入試」と2月中旬に実施される「一般入試」があります。

推薦入試

筆記による学力試験はなく、面接と調査書等で選抜されます。

12月中旬、中学校の先生と高校の先生との間で行われる「入試相談」で、この合格可能性が吟味されての出願になりますので、出願を許されれば、ほぼ合格です。この「入試相談」のベースとなるのが各私立高校の「推薦基準」で、私立高校が事前に内申の科目合計点数（5科または9科）を示します。この推薦基準を満たしているかどうかが、事前相談の前提となります。

ただ、難関校のなかには、推薦基準は出願のための最低ラインとしている学校があり、このような学校では「適性検査」という名称の学力試験を実施するところがあります。上位校の場合には、志望校の推薦入試形態を把握しておきましょう。

一般入試

東京の私立高校はほとんどの学校で、筆記による3教科の学力試験（国・数・英）に面接を加えて「一般入試」を行います。

推薦入試は、合格すればその学校に進学せねばなりませんが、一般入試でも、私立や公立の他校受験も可能な、推薦入試に準じた第1志望優遇制度や併願優遇制度などを実施している学校が多くあります。これも上記の「入試相談」が必要で、その際も内申基準がベースとなります。

一般入試でも、志望校でどのような制度が実施されているのかよく調べておく必要があります。

神奈川県の私立高校

神奈川の私立高校でも、東京同様、1月下旬に実施される「推薦入試」と2月中旬に実施される「一般入試」があります。

推薦入試

推薦入試では、筆記による学力試験はなく、調査書と面接や作文での選抜となります。中学校の先生と高

校の先生との間で行われる「事前相談」を経てから出願することになります。

この「事前相談」のベースとなるのが「推薦基準」で東京と同様です。

難関校では、東京と同じように推薦基準は出願のための最低ラインという学校があり、基準数値も学校によってその意味が違います。

一般入試

ほとんどの学校が国・数・英3教科の学力試験と面接での選抜です。調査書も提出しますが、県立高校のように点数化はされません。

一般入試でも、推薦入試と似た方法で、（他校受験を認めている）専願優遇制度や併願優遇制度などを実施している学校も多くあります。これらも、基本的に中学校の先生と高校の先生との「事前相談」が必要で、その際も内申基準がベースです。

また、「オープン入試」を実施している学校もあります。オープン入試とは、出願時に中学校の調査書を必要としない制度です。

書類選考入試

面接や筆記試験を行わず、調査書などの出願書類のみで合否を判断してくれる入試です。

公立高校や他の私立高校との併願もできる「併願可能な書類選考」を実施する高校も増えており、その高校に出向いて入試を受けなくてもよいので人気が出ています。学校によって制度内容が異なりますので、よく調べておきましょう。

千葉県の私立高校

千葉の私立高校では1月中旬に前期選抜、2月上旬に後期選抜が実施されます。前期選抜の期間中に単願入試に加え、併願入試も行えるため、前期選抜に応募者が集中します。

前期選抜

前期選抜で、推薦入試と一般入試を行えますので、制度が複雑です。

推薦入試では、学校推薦のほかに自己推薦制度を実施する学校もあります。学校推薦は中学校長の推薦書が必要で、面接と調査書や作文などで選抜されます。最近では学校推薦でありながら、学力試験を実施する学校も増えてきています。ですから、推薦入試といっても不合格となる学校があるのです。

一般入試では学力試験が実施され、その日の結果が勝負の選抜となっています。学力試験はほとんどが3教科（国・数・英）です。各校で入試制度は異なりますが、同じ学校でも科やコースによって入試内容が異なる場合があります。志望校の入試制度をよく研究しておきましょう。

後期選抜

千葉県内の私立高校入試は前期選抜が主体になっていて、後期選抜は規模が小さく二次募集的です。後期選抜を行わない学校もあります。

後期選抜は3教科の学力試験と面接という学校がほとんどです。

埼玉県の私立高校

埼玉の私立高校では、定員のほとんどが1月22日～24日の間に入試が実施されます。

埼玉私立の入試は、各高校の推薦基準を満たしている生徒が受験することができ、中学校長の推薦が必要な「学校推薦」と、必要としない「自己推薦」があります。

埼玉では1月と2月に、入試として単願入試と併願入試が行われます。その内容は同じです。多くの学校に学校推薦（おもに単願）や自己推薦（単願・併願）制度があり、内申による出願基準が設けられています。単願・併願入試ともに筆記による3教科（国・数・英）の学力試験を実施する学校が多く、首都圏のなかでも学力重視型です。

2月に同内容の入試を設定している学校もありますが、募集枠は少なく、まさに二次募集的です。

埼玉では、他都県で言う一般入試という概念とは異なり、推薦基準を満たしている生徒が、実力で受ける一般入試と言ってもよいでしょう。

単願入試と併願入試

埼玉の私立高校では、前述の通り、多くの学校が「単願入試」と「併願入試」に分けて入試を行っています。

単願入試は合格したら入学しなければなりません。併願入試では、公立1校のみ併願可能な場合と制限なく併願可能な場合があり、合格後に一時金を納入すれば（不要の高校もあります）、公立高校の合格発表まで入学手続きを待ってくれます。また、併願入試だけで試験日を2～4回設定している高校もあります。

埼玉の私立高校では中学校の先生との「事前相談」を廃止しているため、受験生（保護者）は個別に高校と相談（個別相談）することとなります。

「早慶上理」の合格件数は5年前とどう変わったか

安田教育研究所　副代表　平松 享

今春の、東京、埼玉、千葉、神奈川の高校から、早慶上理（早稲田大、慶應義塾大、上智大、東京理科大）への合格件数を、5年前と比べました（データは㈱大学通信が調べた資料から安田教育研究所が集計。順位等を含む数値は暫定的なものです）。

私立を上回る 公立の増加件数

【表1】は、今春、首都圏（東京、神奈川、千葉、埼玉）の高校から、早慶上理へ合格した件数を地域別、国公私立別にまとめ、5年前と比べたものです。

今春、早慶上理への合格件数は3万3786件ありました。2011年より2000件近く増え、5年前の106％に伸びています。

これを東京だけで見ると、合格件数は1万7325件、増加数は1445件ですが、公立と私立で分けると、私立の536件増に対して、公立は868件増と、増加件数で見ると、私立を大幅に上回っています。

【表2】では、これを慶應義塾大に絞って調べました。私立は、首都圏計でも、東京でも、5年前より件数を減らしていることがわかります。

とくに東京では、私立は90件減と5年前の97％に縮小しています。これに対して公立は238件増で、141％と大きく伸張しています。

どこの私立が減らし どこの公立が増えたか

私立の減少はなぜ起きたのでしょ

【表1】早慶上理への合格件数

		早慶上理計		
		今春	2011年からの増減	比
首都圏計	国立	1,130	44	104%
	公立	11,661	674	106%
	私立	20,995	1,189	106%
	計	33,786	1,907	106%
東京	国立	1,125	41	104%
	公立	4,311	868	125%
	私立	11,889	536	105%
	計	17,325	1,445	109%

【表2】慶應義塾大への合格件数

		今春	2011年からの増減	比
首都圏計	国立	329	19	106%
	公立	1,807	19	101%
	私立	4,536	−32	99%
	計	6,672	6	100%
東京	国立	329	19	106%
	公立	820	238	141%
	私立	2,644	−90	97%
	計	3,793	167	105%

うか。それを考える前に減少数の大きい学校はどこか調べてみました。

【表3】には都内の学校のうち、早慶上理の合格件数が5年前より減少した学校を並べました。40件減までの14校のうち私立が11校、その減少数の合計は900件近くなります。

私立のなかには早慶上理が減って、国立大合格が増えた学校もあります。また、慶應義塾大の件数が減ったのは、**海城**…49件減、**城北**…44件減、**開成**…43件減、**桐朋**、**巣鴨**…35件減、**攻玉社**…29件減、**白百合学園**…26件減などで、表3の学校と重なります。

下の【グラフ】では、都内の学校（国公私立）について、「早慶」への合格件数を5年前と比べてみました。左から5年前の件数の多い順に並んでいます。

上位私立校の多くが減らすなかで、都立校の増加が目につきます。

都立で早慶上理を増やしたのは、進学指導重点校7校のうちの4校で、合計269件増、進学指導特別推進校では、6校中4校で計103件増、公立中高一貫校でも、6校で計336件増となっています。

推進校では、**小金井北**…32件増、**竹早**…28件増、**豊多摩**…26件増など、13校中11校で、合計172件増加しました。

さらに、**上野**…26件増、**南平**…25件増、**雪谷**、**狛江**…15件増など、指定のない45校で、241件も増やしています。

【表3】早慶上理への合格件数を減らした学校

減少数	校名	比
－177	海城	64%
－114	巣鴨	64%
－107	桜蔭	71%
－87	攻玉社	73%
－73	城北	84%
－65	白百合学園	68%
－64	桐朋	83%
－52	穎明館	64%
－48	江戸川女子	58%
－47	開成	92%
－47	お茶の水女子大附属	61%
－42	筑波大附属	88%
－42	都立国立	88%
－40	世田谷学園	86%

私立の減少と公立の増加 その原因はどこにあるか

なぜこうした結果になったのか、考えられる点をあげてみました。

①…学習指導要領の改訂が行われ、公立校での「脱ゆとり」が進んだ。

②…今春、大学入試に臨んだ学年は、小5のときリーマンショックが起こった。首都圏の中学受験者数は、その次年度、中1になる年度から減り始め、学力上位生の一部が公立中学に進学した。

③…加えて東京では、⑴公立中高一貫校11校が開校、⑵進学指導重点校や特別推進校などの選定基準が設けられた、などが浮かびます。

72ページの【表4】では、首都圏の国公私立について、5年前より早慶上理の合格件数を増やした学校の順に並べています。公立も大幅に増やした学校と、それほどでもない学校があります。私立と比べて見てみてください。

【グラフ】早慶への合格件数比較

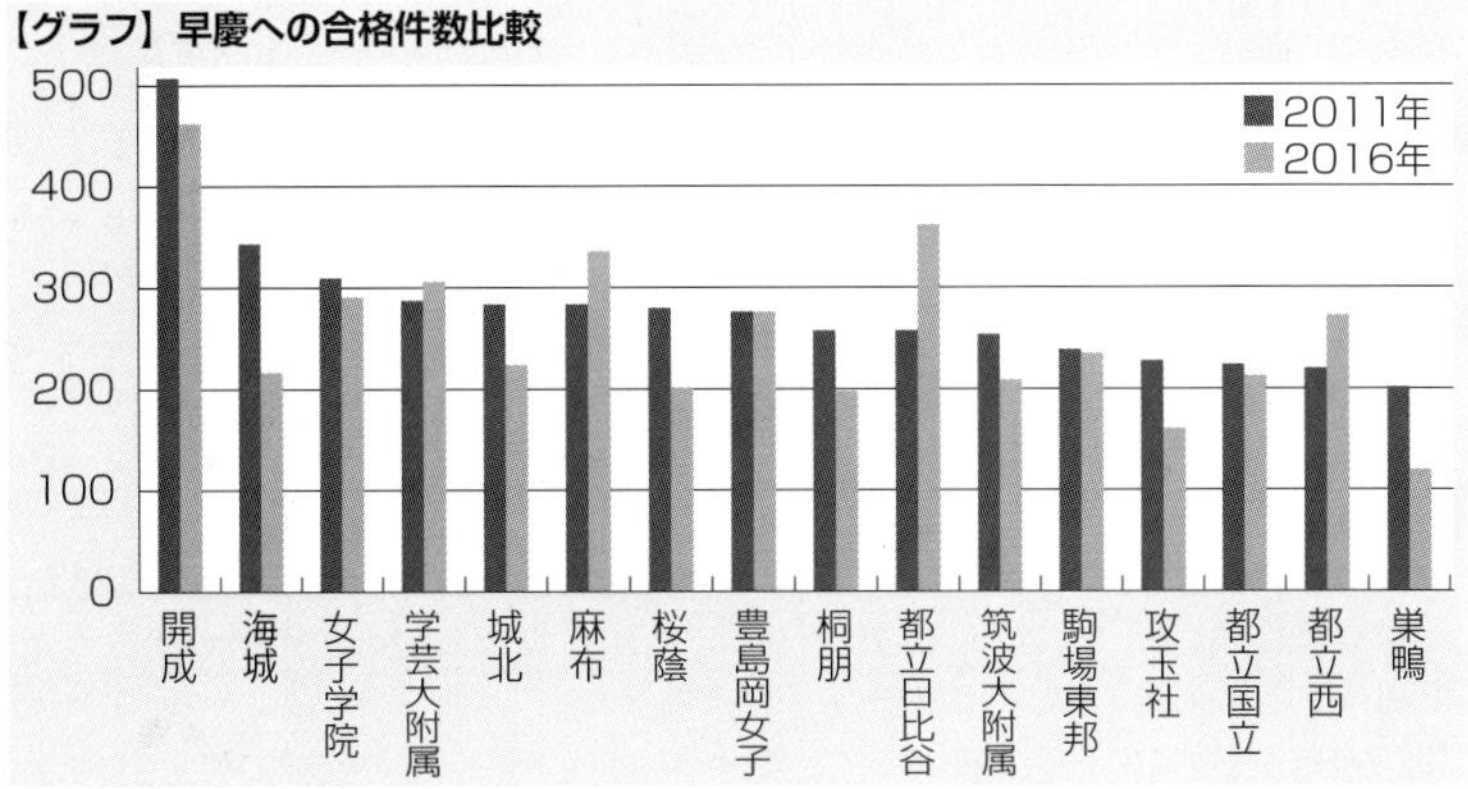

【表4】2011年⇒2016年　早慶上理への合格件数を増やした学校

増加数	学校名	所在地	設置者	合格件数	5年前比	早稲田大	慶應義塾大	上智大	東京理科大
				11年 16年		11年 16年	11年 16年	11年 16年	11年 16年
215	本郷	東京	私	202⇒417	206%	79⇒176	41⇒75	14⇒45	68⇒121
193	広尾学園	東京	私	15⇒208	1387%	3⇒85	1⇒32	7⇒44	4⇒47
143	山手学院	神奈川	私	201⇒344	171%	95⇒136	27⇒57	22⇒51	57⇒100
139	日比谷	東京	公	363⇒502	138%	130⇒194	126⇒169	35⇒45	72⇒94
120	昭和学院秀英	千葉	私	181⇒301	166%	64⇒115	39⇒48	28⇒46	50⇒92
115	大宮開成	埼玉	私	79⇒194	246%	34⇒67	9⇒14	8⇒39	28⇒74
110	市立横浜サイエンスフロンティア	神奈川	公	⇒110	—	⇒25	⇒26	⇒7	⇒52
109	洗足学園	神奈川	私	119⇒228	192%	43⇒84	39⇒86	25⇒24	12⇒34
87	立川国際中等教育	東京	公	17⇒104	612%	8⇒49	1⇒15	7⇒15	1⇒25
85	鎌倉女学院	神奈川	私	80⇒165	206%	30⇒68	22⇒34	10⇒38	18⇒25
84	西	東京	公	297⇒381	128%	142⇒157	76⇒115	32⇒22	47⇒87
80	逗子開成	神奈川	私	201⇒281	140%	68⇒99	43⇒65	25⇒42	65⇒75
77	神奈川大附属	神奈川	私	76⇒153	201%	29⇒56	20⇒22	10⇒24	17⇒51
73	早稲田	東京	私	89⇒162	182%	⇒	48⇒88	8⇒6	33⇒68
73	吉祥女子	東京	私	156⇒229	147%	68⇒99	20⇒29	26⇒40	42⇒61
71	芝浦工大柏	千葉	私	123→194	158%	38⇒55	7⇒26	15⇒33	63⇒80
70	高輪	東京	私	106⇒176	166%	42⇒73	16⇒25	14⇒21	34⇒57
70	平塚中等教育	神奈川	公	⇒70	—	⇒25	⇒10	⇒10	⇒25
69	桜修館中等教育	東京	公	19⇒88	463%	10⇒46	6⇒14	⇒9	3⇒19
68	湘南	神奈川	公	349⇒417	119%	160⇒198	96⇒91	33⇒40	60⇒88
64	両国	東京	公	99⇒163	165%	31⇒61	16⇒26	8⇒20	44⇒56
62	開智	埼玉	私	380⇒442	116%	156⇒179	56⇒75	32⇒45	136⇒143
59	栄東	埼玉	私	339⇒398	117%	138⇒173	74⇒71	29⇒20	98⇒134
59	新宿	東京	公	120⇒179	149%	58⇒92	16⇒22	12⇒17	34⇒48
59	相模原中等教育	神奈川	公	32⇒91	284%	14⇒36	3⇒22	2⇒6	13⇒27
58	学芸大附属国際中等教育	東京	国	9⇒67	744%	7⇒23	1⇒21	⇒14	1⇒9
57	区立九段中等教育	東京	公	4⇒61	1525%	⇒25	1⇒14	2⇒11	1⇒11
56	渋谷教育学園幕張	千葉	私	409⇒465	114%	168⇒214	115⇒131	46⇒24	80⇒96
55	小石川中等教育	東京	公	76⇒131	172%	36⇒56	5⇒37	9⇒12	26⇒26
54	武蔵	東京	私	149⇒203	136%	16⇒80	71⇒59	22⇒19	40⇒45
51	青稜	東京	私	47⇒98	209%	21⇒39	9⇒18	7⇒16	10⇒25
50	森村学園	神奈川	私	47⇒97	206%	11⇒41	11⇒18	17⇒16	8⇒22
48	麻布	東京	私	363⇒411	113%	151⇒194	132⇒142	18⇒13	62⇒62
47	東農大一	東京	私	55⇒102	185%	21⇒23	5⇒16	10⇒21	19⇒42
46	浦和明の星女子	埼玉	私	104⇒150	144%	36⇒38	29⇒29	17⇒35	22⇒48
46	川和	神奈川	公	146⇒192	132%	76⇒96	23⇒25	25⇒30	22⇒41
45	東京都市大等々力	東京	私	⇒45	—	⇒5	⇒9	⇒5	⇒26
43	鷗友学園女子	東京	私	213⇒256	120%	89⇒92	45⇒46	32⇒43	47⇒75
43	帝京大高	東京	私	163⇒206	126%	57⇒81	25⇒34	21⇒41	60⇒50
41	千葉東	千葉	公	177⇒218	123%	58⇒63	24⇒27	18⇒30	77⇒98
40	東京都市大付属	東京	私	55⇒95	173%	21⇒24	7⇒18	7⇒15	20⇒38
40	宝仙学園	東京	私	2⇒42	2100%	1⇒19	⇒6	1⇒5	⇒12
39	蕨	埼玉	公	45⇒84	187%	16⇒37	4⇒5	6⇒12	19⇒30
39	昌平	埼玉	私	18⇒57	317%	2⇒14	1⇒8	1⇒3	14⇒32
39	國學院大學久我山	東京	私	188⇒227	121%	67⇒91	43⇒42	17⇒40	61⇒54
39	青山	東京	公	154⇒193	125%	74⇒80	21⇒40	20⇒21	39⇒52
37	実践女子学園	東京	私	11⇒48	436%	5⇒20	3⇒10	⇒10	3⇒8
37	公文国際学園	神奈川	私	124⇒161	130%	54⇒44	30⇒43	17⇒30	23⇒44
36	学習院女子	東京	私	35⇒71	203%	15⇒21	11⇒19	5⇒23	4⇒8
35	学習院	東京	私	49⇒84	171%	18⇒37	12⇒22	9⇒13	10⇒12
35	安田学園	東京	私	20⇒55	275%	11⇒22	⇒5	1⇒5	8⇒23
34	大和	神奈川	公	26⇒60	231%	12⇒35	2⇒8	4⇒11	8⇒6
34	日大藤沢	神奈川	私	23⇒57	248%	7⇒22	4⇒8	4⇒10	8⇒17
32	立教新座	埼玉	私	49⇒81	165%	9⇒24	19⇒17	7⇒14	14⇒26
32	共立女子	東京	私	109⇒141	129%	58⇒62	14⇒26	20⇒24	17⇒29
32	小金井北	東京	公	15⇒47	313%	2⇒23	5⇒3	2⇒6	6⇒15

増加数	学校名	所在地	設置者	合格件数	5年前比	早稲田大	慶應義塾大	上智大	東京理科大
				11年 16年		11年 16年	11年 16年	11年 16年	11年 16年
31	専大松戸	千葉	私	110⇒141	128%	38⇒46	13⇒6	16⇒24	43⇒65
31	湘南白百合学園	神奈川	私	66⇒97	147%	29⇒34	21⇒27	5⇒21	11⇒15
30	香蘭女学校	東京	私	36⇒66	183%	12⇒27	6⇒13	16⇒14	2⇒12
29	桐光学園	神奈川	私	255⇒284	111%	96⇒104	58⇒57	35⇒45	66⇒78
28	春日部東	埼玉	公	3⇒31	1033%	3⇒17	⇒1	⇒3	⇒10
28	竹早	東京	公	46⇒74	161%	24⇒35	4⇒6	7⇒12	11⇒21
26	市立稲毛	千葉	公	51⇒77	151%	22⇒24	3⇒9	9⇒16	17⇒28
26	東京大附属中等教育	東京	国	9⇒35	389%	⇒12	2⇒3	1⇒5	6⇒15
26	上野	東京	公	5⇒31	620%	2⇒14	⇒3	⇒6	3⇒8
26	豊多摩	東京	公	11⇒37	336%	6⇒28	1⇒1	⇒6	4⇒2
25	三輪田学園	東京	私	15⇒40	267%	6⇒21	3⇒6	6⇒10	⇒3
25	日大豊山	東京	私	10⇒35	350%	1⇒6	⇒8	1⇒8	8⇒13
25	東京学芸大附属	東京	国	400⇒425	106%	167⇒169	122⇒136	30⇒29	81⇒91
25	南平	東京	公	8⇒33	413%	5⇒14	⇒6	2⇒6	1⇒7
25	市ケ尾	神奈川	公	11⇒36	327%	3⇒19	1⇒7	1⇒10	6⇒
25	日大高	神奈川	私	12⇒37	308%	6→15	1→3	5⇒8	⇒11
24	越ケ谷	埼玉	公	12⇒36	300%	2⇒13	3⇒1	2⇒8	5⇒14
24	日大三	東京	私	22⇒46	209%	5⇒23	7⇒3	3⇒2	7⇒18
23	市立千葉	千葉	公	68⇒91	134%	17⇒28	10⇒5	10⇒15	31⇒43
23	明治学院	東京	私	34⇒57	168%	6⇒25	16⇒11	6⇒16	6⇒5
23	清泉女学院	神奈川	私	43⇒66	153%	18⇒35	9⇒11	4⇒11	12⇒9
22	墨田川	東京	公	7⇒29	414%	1⇒4	2⇒2	⇒7	4⇒16
22	頌栄女子学院	東京	私	226⇒248	110%	94⇒89	54⇒67	42⇒58	36⇒34
21	麗澤	千葉	私	37⇒58	157%	12⇒28	4⇒4	3⇒8	18⇒18
21	成立学園	東京	私	7⇒28	400%	4⇒16	⇒1	⇒1	3⇒10
21	聖ドミニコ学園	東京	私	3⇒24	800%	2⇒10	⇒7	⇒7	1⇒

※増加数20件以下の学校は公立のみ掲載

20	駒場	東京	公	92⇒112	122%	46⇒42	7⇒14	12⇒25	27⇒31
20	国際	東京	公	56⇒76	136%	34⇒39	7⇒19	12⇒17	3⇒1
17	県立浦和	埼玉	公	379⇒396	104%	153⇒152	92⇒79	18⇒17	116⇒148
17	津田沼	千葉	公	2⇒19	950%	⇒5	⇒2	⇒6	2⇒6
17	日野台	東京	公	15⇒32	213%	8⇒13	⇒1	2⇒8	5⇒10
17	金沢	神奈川	公	45⇒62	138%	11⇒24	5⇒7	3⇒10	26⇒21
16	幕張総合	千葉	公	44⇒60	136%	23⇒17	6⇒9	3⇒5	12⇒29
15	狛江	東京	公	2⇒17	850%	2⇒4	⇒2	⇒8	⇒3
15	雪谷	東京	公	2⇒17	850%	⇒5	⇒1	⇒7	2⇒4
14	市立浦和	埼玉	公	99⇒113	114%	48⇒35	7⇒16	15⇒20	29⇒42
14	清瀬	東京	公	6⇒20	333%	3⇒13	⇒1	⇒1	3⇒5
14	生田	神奈川	公	16⇒30	188%	14⇒11	1⇒3	⇒7	1⇒9
13	千葉西	千葉	公	5⇒18	360%	⇒8	2⇒1	3⇒3	⇒6
13	井草	東京	公	10⇒23	230%	3⇒10	⇒4	2⇒1	5⇒8
12	市立川口	埼玉	公	1⇒13	1300%	⇒7	⇒	⇒4	1⇒2
12	文京	東京	公	12⇒24	200%	4⇒8	2⇒5	2⇒2	4⇒9
12	柏陽	神奈川	公	231⇒243	105%	90⇒109	53⇒31	34⇒26	54⇒77
11	田園調布	東京	公	6⇒17	283%	2⇒8	1⇒4	⇒1	3⇒4
11	三田	東京	公	43⇒54	126%	16⇒22	8⇒11	8⇒11	11⇒10
11	桜丘	神奈川	公	10⇒21	210%	2⇒10	1⇒1	2⇒3	5⇒7
10	薬園台	千葉	公	100⇒110	110%	41⇒59	7⇒6	14⇒14	38⇒31
10	松戸国際	千葉	公	2⇒12	600%	⇒5	⇒	⇒1	2⇒6
10	昭和	東京	公	6⇒16	267%	4⇒7	⇒2	⇒4	2⇒3
10	城東	東京	公	23⇒33	143%	6⇒20	2⇒1	5⇒5	10⇒7
10	成瀬	東京	公	1⇒11	1100%	⇒6	⇒2	⇒3	1⇒

※大学の発表による件数（浪人を含む）。推薦、AOを含まず一般入試のみの合格件数。慶應義塾大は追加合格（補欠）を含む。早大本庄、早大高等学院、早稲田から早稲田大への合格件数は、内部進学者数が確定しない場合があり、11年、16年ともに0件としている。

公立 CLOSE UP

模擬試験の特徴を知って結果をうまく活用しよう

夏休みが終われば中学3年生は本格的な受験への態勢に入っていきます。ここからは1カ月に一度は模擬試験を受けることになるでしょう。模擬試験の結果に一喜一憂すること、それ自体は悪いことではないのですが、それよりも大切なことがあります。今回は模擬試験をうまく活用して合格力を高める方法を考えます。

自分の学力を測るには模擬試験を活用すること

模擬試験は、受験とは切っても切れない縁があるものです。受験生は自らの学力を測る指標を得ておかなければ、志望校選びも受験もうまくはいきません。

自分の学力を知り、自分の学力が受験生全体のなかでどのくらいの位置にあるのかを知るのに適しているのが偏差値であり、その偏差値を得るためには模擬試験を受ける必要があります。

通知表に5や4が多く並んでいるから安心と考えていたら、志望校に不合格、といった不測の事態が起きてしまいます。「オール5」だからといっても安心はできません。

学区制が撤廃された東京都で、ある進学指導重点校では受験生のほとんどが、中学校では「オール5」だったという話もあるからです。

同じ生徒の評価を、絶対評価である学校の通知表の評定と模擬試験の相対評価で比べてみると、学校の評定ほどではないことがよくあります。学校の通知表（絶対評価）では「オール5」の生徒も、模擬試験の結果を相対評価の方法で評価したら、少なくとも模擬試験で扱う主要5教科では「この成績ではオール5はありえない」ということがほとんどです。

ですから、自らの真の学力を知りたかったら、そして、志望校に対する自らの学力目標を決めたかったら、模擬試験を受けるのがベストといえます。年に数回は実施される模擬試験。検定料がかかるといっても、1回４０００円～５０００円程度ですから、これを逃す手はありません。

高校受験においては、業者テストの廃止の影響で、大規模な模擬試験は行えなくなったといわれていますが、早稲田アカデミーの「オープン模試」をはじめ、「Vもぎ」「W合格もぎ」「北辰テスト」「都立もぎ」など、合格判定の材料として模擬試験は根強く利用されています。2学期になれば、1つの模擬試験に2万人以上の受験者が集まります。

高校受験用の模擬試験では、試験で測られた学力が偏差値あるいは得点として算出され、受験者に郵送されてきます。また、それぞれの出題に対しての正答率も公表されますので、自分の弱点もわかります。

さらに、算出した偏差値を基にして志望校への合格可能性も示してくれます。

「都立もぎ」などでは、内申が必要な都立高校について、その内申も加味しての判定になりますので、試験前に記入する内申データに正確な数値を書き込めるよう準備しておくことも大切です。

その点で言うと、模擬試験の返却で示された偏差値を基に、さらに他の志望校を探そうというとき、学校案内ガイドブックの多くは学校の学力偏差値のみを合格基準として掲載しています。

つまり、内申点については、受験生自身が増減して計算しなければならないということです。現在では、「内申点が高い場合」「低い場合」に対応した合否基準を載せているガイドブックも出てきましたが、この点はとくに注意が必要です。

模擬試験は試し受験 本番と同じ気持ちで臨もう

「模擬試験を受けた方がよい」という理由のもう一つは「試験に慣れる」ということです。

模擬試験は、大きな会場で実施されるため、普段の学校や塾内で実施される試験とはかなり違った雰囲気を味わうことになります。模擬試験には「試験独特の雰囲気に慣れる」「本番と同様のステージで試験を受ける」という目的もあるのです。

これらの模擬試験の会場には、私立高校の校舎も含まれています。自分の志望校や、受験を検討している学校が会場となっている場合には、その会場を選択することで試し受験のチャンスにもなるといえます。

入試本番で、どんな場面、ましてどんなアクシデントがあってもすぐに順応し、対応できるという受験生はなかなかいません。

電車に乗って試験を受けに行く、まったく知らない人ばかりのなかで試験を受けるなど、普段の学校のテストとはまったく違う環境で模擬試験を受けることが、実際の入試本番への試金石となることはおわかりいただけると思います。

「模擬試験会場には制服で来てください」と実施機関が呼びかけているのも、少しでも実際の試験の雰囲気に近づけたいからです。

このように模擬試験は、まさに「試し受験」といってよいのです。

模擬試験の結果を活用 自己採点はすぐにやろう

模擬試験は日ごろの学習の成果を試す機会ですが、うまく活用すれば効果の高い学習法につながります。

模擬試験を受けている時間帯は、普段の学習よりはるかに高い集中力をもって問題に取り組んでいます。そのぶん、問題の内容や解答の過程も強く印象に残っています。これを、学習の一環として活用しない手はありません。

模擬試験の印象が薄れないうちに復習をしておくことは、非常に有効な学習になります。記憶が新しいうちに、自己採点し、復習しておきましょう。

自己採点の目的は、模擬試験の点数を予想することではなく、実力がどこまで発揮できたかを確認し、今後の学習に必要な課題を見つけることです。

あとで、模擬試験の結果が返却されてきたときに、その自己採点の結果とを見比べてみてください。そのときに、自分の解答過程を忘れてしまっていたのでは意味がありません。ですから、自己採点は、すぐにやっておきましょう。

◇

・考え方は合っていたが、式を立てる段階で間違えた
・単なる計算ミス
・解答内容は合っていたが条件（書き抜き、使用語句指定など）を満たしていなかった
・指定字数から推定して正解したが、意味を理解できていなかった
・理解が十分でなかったが、消去法で正解はできた（選択式問題の場合）
・題意を取り違えて解答した
・問題の指示を見落とした（誤っているものを選ぶ問題で正しいものを選んだ、など）

◇

このように、正誤の実質的な意味を把握しておけば、成績返却時に、数字と実際の実力レベルとの差を知ることができます。すなわち、得点は70点だったがミスがなければ75点だった、または、偶然の正解がなければ65点しか取れていなかった、というように、成績の数字と実力のずれを把握しておくという意味です。

偶然の正解が数多くある場合に、点数を実力だと勘違いするのは危険ですし、点数は低くても実際にはもっと点を取れる可能性があったというような場合には、点数だけを見てがっかりする必要はありません。

また、現実的な問題として、本番においては、ミスも偶然の正解も関係なく点数がつけられるということを知るという意味もあります（とく

に、数学などで答えだけが要求される場合、答えをきちんと導き出せたとしても、解答用紙やマークシートに写し間違えてしまえば1点にもなりません）。

「正答率」に敏感になり みんなが正解した問題を知る

これから、何回かの模擬試験を受けることになると思いますが、毎回出てくる偏差値を少しでも高くしたいというのはだれもが思うことです。ただ、あれもこれもと勉強しても、そう簡単に偏差値は上昇するものではありません。そこで模擬試験の返却資料を利用しましょう。注目するのはそれぞれの問題の「正答率」です。

まず、正答率が70％以上なのに自分は間違えた、という問題を探します。それが自分の「弱点ジャンル」なのです。そのジャンルを復習し、参考書や過去問題集などで類題を探して克服してください。それが終わったら、正答率が65％以上なのに自分は間違えた、という問題の克服に努めます。

次の模擬試験でも「正答率」に注目して弱点の補強に努めます。

複数回受けてこそ 価値が増してくる模擬試験

さて、「模擬試験は自分の実力を測るのだから、1度受ければよいのでは」といった質問を受けることがあります。「模擬試験で出た偏差値に合わせた学校を受けるのだから1度で十分なのでは」というわけです。

でも、それは違います。模擬試験の結果をふまえながら実力アップの機会にできるのですから1度ではもったいないでしょう。

さらに重要なことは、一度の模擬試験では本当の実力は測れないということです。

模擬試験の結果示される偏差値は、どうしても上下します。得意範囲が出題されることもあれば、見たこともない問題に出会うこともあります。ですから、複数回受けて、その平均を自分の実力と考えた方が間違いがないのです。

弱点克服が進めば、模擬試験は受ければ受けるほど偏差値があがっていくことも事実です。

志望校への合格を大きな目標到達点とするならば、1回ごとの模擬試験は1つの区切り、節目と考えましょう。自分を振り返るよい機会であり、次へのスプリングボードにもなります。

模擬試験の結果を励みにしたり、反省材料を元に軌道修正していけば自信につながり、日ごろの学習にもよい影響を与えるものとなります。

次回は模擬試験と並んで重要な偏差値に対する考え方についてお話しする予定です。

7月号の答えと解説

問題　Q　ワードサーチ（単語探し）

リストにある英単語を、下の枠のなかから探し出すパズルです。単語は、例のようにタテ・ヨコ・ナナメの方向に一直線にたどってください。下から上、右から左へと読む場合もあります。また、1つの文字が2回以上使われていることもあります。パズルを楽しみながら、「天体」に関する単語を覚えましょう。

最後に、リストのなかにあって、枠のなかにない単語が1つだけありますので、それを答えてください。

J	O	Y	R	U	C	R	E	M	A	G	B
A	X	S	O	M	E	V	E	N	T	O	E
P	F	R	O	T	A	T	I	O	N	H	P
T	L	U	I	S	E	Z	Y	M	T	V	O
I	Y	P	M	O	O	N	X	R	A	R	C
C	U	E	R	L	P	G	A	J	W	I	S
J	O	B	S	A	T	E	L	L	I	T	E
Q	D	M	A	R	S	Q	A	K	P	H	L
S	E	K	E	S	E	L	G	S	E	N	E
T	U	N	Y	T	I	V	A	R	G	B	T
A	O	N	F	M	Z	X	I	U	W	I	C
R	D	P	O	C	T	J	O	N	H	E	O
T	A	U	E	B	I	S	A	T	U	R	N

【リスト】

comet（彗《すい》星）	Mercury（水星）	Saturn（土星）
earth（地球）**【例】**	meteor（隕石）	solar（太陽の）
galaxy（銀河）	moon（月）	star（星）
gravity（重力）	planet（惑星）	telescope（望遠鏡）
Jupiter（木星）	rotation（自転）	universe（宇宙）
Mars（火星）	satellite（衛星）	Venus（金星）

解答　Venus（金星）

J	O	Y	R	U	C	R	E	M	A	G	B
A	X	S	O	M	E	V	E	N	T	O	E
P	F	R	O	T	A	T	I	O	N	H	P
T	L	U	I	S	E	Z	Y	M	T	V	O
I	Y	P	M	O	O	N	X	R	A	R	C
C	U	E	R	L	P	G	A	J	W	I	S
J	O	B	S	A	T	E	L	L	I	T	E
Q	D	M	A	R	S	Q	A	K	P	H	L
S	E	K	E	S	E	L	G	S	E	N	E
T	U	N	Y	T	I	V	A	R	G	B	T
A	O	N	F	M	Z	X	I	U	W	I	C
R	D	P	O	C	T	J	O	N	H	E	O
T	A	U	E	B	I	S	A	T	U	R	N

解説

「天体」に関するほかの単語や熟語、表現なども少しあげておきましょう。

・軌道　orbit
・星屑　stardust
・北極星　polestar
・北斗七星　Big Dipper
・天の川　milky way
・ブラックホール　black hole
・地球は太陽の周りを回っています。
The earth goes around the sun.
・満月が山の端に現れました。
The full moon came out from behind the mountain.
・私の夢は宇宙飛行士になって月に行くことです。
My dream is to become an astronaut and go to the moon.
・海王星は太陽系の8番目の惑星です。
Neptune is the eighth planet of the solar system.
　＊solar system … 太陽系
・空には無数の星が輝いていました。
Countless stars were twinkling in the sky.
　＊twinkle …（星などが）きらきら光る

中学生のための

学習パズル

今月号の問題

Q ジグソー・漢字クロス

パズル面に置かれているピースを手がかりに、周りにあるピースを空欄にあてはめて、クロスワードを完成させましょう。このとき、最後まで使われずに残るピースが1つあります。そのピースの記号を答えてください。

一	石						
安							
							想
						対	的

A

方	形
	相

B

古	墳
車	

C

	長
一	髪

D

	動
中	

E

	部
生	活

F

	行
危	機

G

剋	上
	昇

H

番	
地	理

I

熱	気
	流

J

二	鳥
言	

K

円	
高	飛

L

	下
英	知

M

	当
味	

N

心	身
	命

O

作	
文	芸

応募方法

左のQRコードからご応募ください。

◎正解者のなかから抽選で3名の方に図書カードをプレゼントいたします。

◎当選者の発表は本誌2016年11月号誌上の予定です。

◎応募締切日 2016年9月15日

7月号学習パズル当選者

全正解者68名

山田萌愛美さん（中3・東京都町田市）

平尾　結子さん（中3・埼玉県志木市）

阿部　克磨さん（中3・東京都杉並区）

に挑戦！！

桐《とう》朋《ほう》高等学校

問題

1辺の長さが1の立方体ABCD－EFGHを3点A，D，Fを通る平面で切ったとき，頂点Bをふくむほうの立体をPとする。また，立体Pを3点A，C，Gを通る平面で切ったとき，頂点Bをふくむほうの立体をQとする。

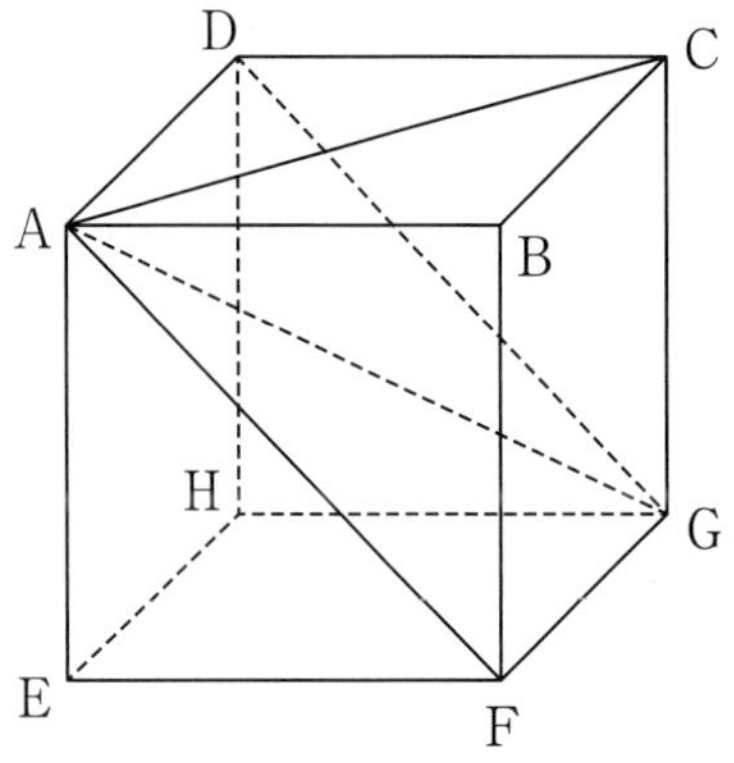

(1) 立体P，Qの体積を求めよ。

(2) 立体Qを3点A，B，Gを通る平面で切ったとき，頂点Fをふくむほうの立体の表面積を求めよ。

(3) 立体Qを3点D，C，Fを通る平面で切ったとき，頂点Bをふくむほうの立体の体積を求めよ。

解答 (1) Pの体積 $\frac{1}{2}$，Qの体積 $\frac{1}{3}$　(2) $1+\sqrt{2}$　(3) $\frac{1}{4}$

■ 東京都国立市中3-1-10
■ JR中央線「国立駅」・南武線「谷保駅」徒歩15分またはバス
■ 042-577-2171
■ http://www.toho.ed.jp/

学校説明会

両日とも14：00～15：40
10月8日（土）　12月3日（土）
※要上履き

流《りゅう》通《つう》経《けい》済《ざい》大《だい》学《がく》付《ふ》属《ぞく》柏《かしわ》高等学校

問題

次の□に当てはまる数字を答えなさい。

図のように，底面が半径5㎝の円Oで，高さが7㎝の円柱から，円すいをくりぬいた立体を考える。

この立体を，底面から高さ4㎝の位置で，底面に平行な平面で切断したとき，切り口の面積は，$\frac{\text{アイウ}}{\text{エオ}}\pi$ ㎠である。

また切断された立体のうち，上側にある立体の体積は，$\frac{\text{カキクケ}}{\text{コサ}}\pi$ ㎤である。ただし，πは円周率とする。

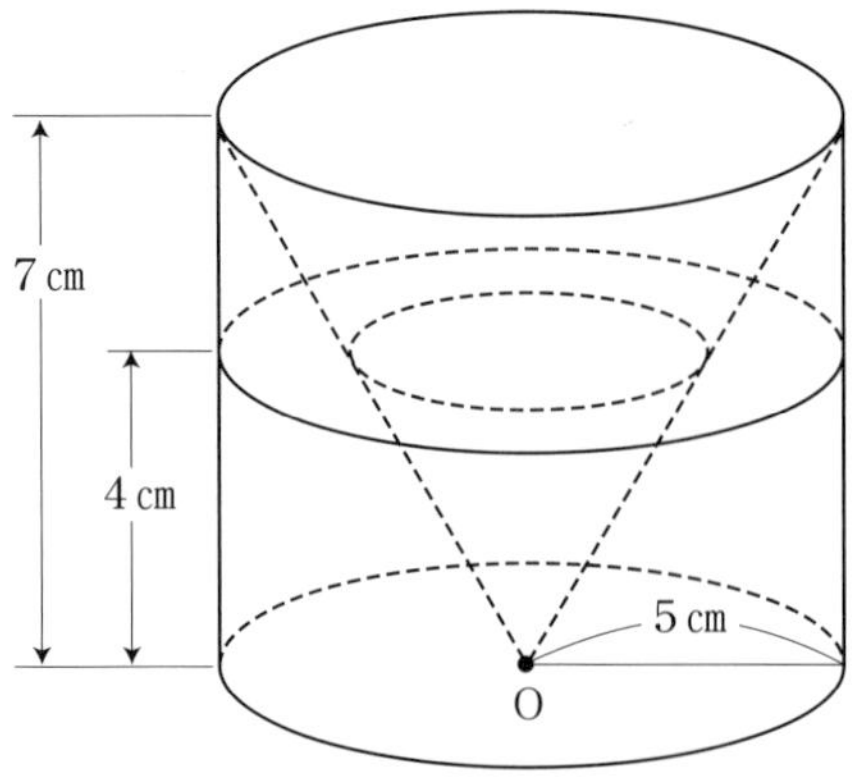

解答 ア：8　イ：2　ウ：5　エ：4　オ：9　カ：1　キ：3　ク：5　ケ：0　コ：4　サ：9

■ 千葉県柏市十余二1-20
■ 東武野田線「江戸川台駅」・つくばエクスプレス「柏の葉キャンパス駅」スクールバス
■ 04-7131-5611
■ http://www.ryukei.ed.jp/

学校説明会　要予約

8月27日（土）　10：00～11：30／13：30～15：00
9月10日（土）　10：00～11：30

入試説明会　要予約

10月8日（土）　10：00～11：30
10月30日（日）　10：00～11：30
11月5日（土）　10：00～11：30
11月12日（土）　13：30～15：00
11月19日（土）　10：00～11：30
11月26日（土）　10：00～11：30

流輝祭（文化祭）

9月17日（土）　9月18日（日）

私立高校の入試問題

桜《おう》美《び》林《りん》高等学校

■ 東京都町田市常盤町3758
■ JR横浜線「淵野辺駅」徒歩20分またはスクールバス、小田急線・京王線・多摩都市モノレール「多摩センター駅」スクールバス
■ 042-797-2668
■ http://www.obirin.ed.jp/

説明会
すべて14：00〜15：30
9月24日（土）　10月22日（土）
11月26日（土）　12月3日（土）
※要上履き、下足入れ

桜空祭（文化祭）
両日とも9：00〜15：00
9月18日（日）　9月19日（月祝）

クリスマスキャロリング
12月20日（火）　16：00〜17：00

問題

A．次の文中の（　　）に入る共通の語を書きなさい。

1．She put（　　）her coat because it was cold.
The students will meet（　　）Monday morning.

2．I will buy a watch（　　）him.
I have wanted to see you（　　）a long time.

B．次の語句の意味に相当する英語1語を書きなさい。

1．work that a student at school is asked to do at home

2．something you use to protect yourself from the rain or from hot sun
something you may carry, sometimes in your bag, when you know it is going to rain

解答　A．1 on　2 for　　B．1 homework　2 umbrella

大《おお》宮《みや》開《かい》成《せい》高等学校

■ 埼玉県さいたま市大宮区堀の内町1-615
■ JR京浜東北線ほか「大宮駅」バス
■ 048-641-7161
■ http://www.omiyakaisei.jp/

オープンスクール　要予約
両日とも9：00
8月27日（土）　9月17日（土）

入試説明会
すべて13：30
10月8日（土）　11月12日（土）
11月23日（水祝）　12月3日（土）

文化祭
両日とも10：00
10月29日（土）　10月30日（日）
※入試相談あり

問題

右の図のように，放物線$y=\frac{1}{3}x^2$上に台形ABCDの各頂点があり，2点A，Dのx座標はそれぞれ1，−1である。直線ABの傾きを2とするとき，次の$\boxed{1}$〜$\boxed{8}$にあてはまる数字を答えなさい。ただし，円周率をπとする。

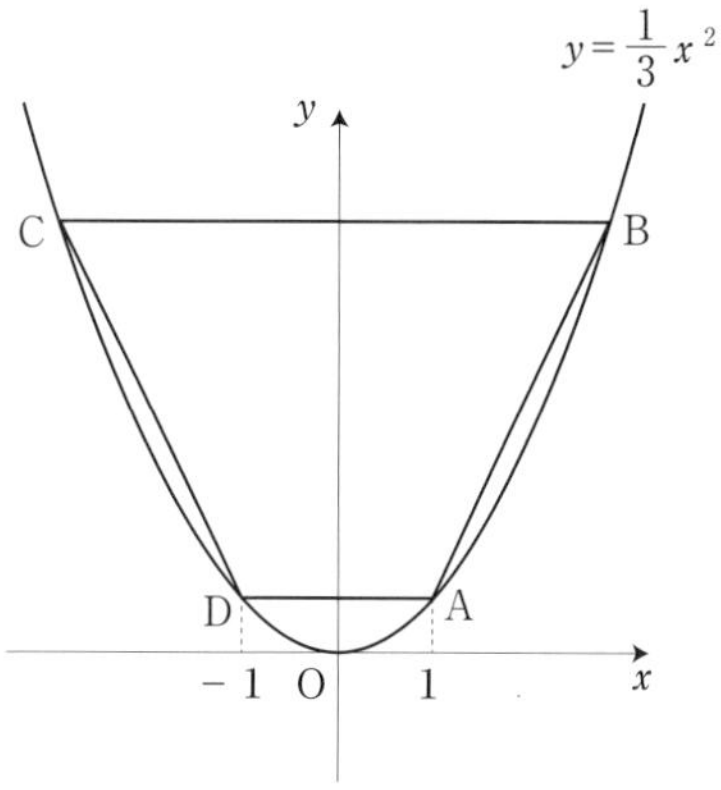

(1) 点Bの座標は，$\left(\boxed{1},\ \frac{\boxed{2}\boxed{3}}{\boxed{4}}\right)$である。

(2) 台形ABCDの面積は，$\boxed{5}\boxed{6}$である。

(3) 点Dを通り，直線ABと平行な直線が辺BCと交わる点をEとする。△CDEを，y軸を軸として1回転させてできる立体の体積は，$\boxed{7}\boxed{8}\pi$である。

解答　(1) $\boxed{1}$ 5、$\boxed{2}$ 2、$\boxed{3}$ 5、$\boxed{4}$ 3　(2) $\boxed{5}$ 4、$\boxed{6}$ 8　(3) $\boxed{7}$ 8、$\boxed{8}$ 2

みんなの
お便りコーナー

Letter section

サクセス広場

テーマ 2学期の抱負

やっと中学校にも慣れました。2学期は定期テストの勉強を**早めから始めたい**と思います！
（中1・テスト嫌いさん）

色々な人と仲良くなりたいので、同じ学年の人**全員と話す！** うちの中学校は生徒数が多くて、まだ名前も知らない人がたくさんいるので。
（中1・Y.Y.さん）

中2の2学期は、受験で命取りになる単元ばかりだと聞いたので、**サボりの誘惑に負けずに**頑張ります!!
（中2・えんどぅーさん）

牛乳が苦手で、給食で出る牛乳を残すことが多いんです。でも、受験生だし、健康でいたいから、2日に1回は飲み干すようにしたいですね。
（中3・みるくるさん）

一生懸命勉強して、**テストで学年1番**をとる！ 1番になったら、父がぼくのほしがっている望遠鏡を買ってくれるそうなので。
（中2・泳げない魚座さん）

席替えで**一番うしろの席**を引き当てる！ 1学期は2回連続一番前の席になって、いつも緊張して授業を受けていたから。でもこれは抱負っていうより野望かな…。
（中2・まったりしたいさん）

テーマ 家族の尊敬できるところ

父の寝つきのよさ！「おやすみ」と言ってから10秒くらいでいびきをかいていました。
（中1・夜はお静かに…さん）

兄は決してご飯を残しません。前に父が作ってくれた、ものすごくまずい料理も残さず食べていました。私はひと口でギブアップだったのに…。兄いわく、人が作ってくれたものは残してはいけないそうです。
（中2・偏食ガールさん）

祖父は早朝の散歩が日課で、天気の悪い日も、暑い日も寒い日も出かけます。ぼくは眠いからといってつい朝寝坊してしまうので、祖父を見習って朝寝坊しないようにしたいです。
（中1・おはYOさん）

母の辛抱強さ。ぼくならなにかあったらすぐに鉄拳だと思う。ぼくら3兄弟とも。
（中3・いつもありがとうさん）

小4の**弟**は人付き合いが苦手だけど、メチャクチャ**記憶力がいい**です。まったくかなわない！
（中1・マーベラスさん）

テーマ 勉強のコツ【社会】

歴史が大っ嫌いでしたが、最近**歴史小説**にはまって、好きになってきました。好きな人が貸してくれた本なので、本を開くだけで幸せ気分。好きな人の好きなものだと好きになれる！
（中1・プチ歴女さん）

歴史といえば**大河ドラマ**ということで、「真田丸」を毎週見てます。あの時代に限ってですけど、時代の流れとか、登場人物はバッチリです！
（中1・トヨトミケさん）

社会の勉強では、**世界地図**と**日本地図**のポスターを部屋に貼っているのがなにげに役立っている気がします！部屋にあると自然と目に入るから、どこにどの国や県があるかは大体頭に入ってます。
（中2・ピザさん）

歴史は**流れで覚える**のがいいです。「何年にどんなことがあった」だけだと暗記するのも難しいけど、色々なことを結びつけるようにして歴史の流れを意識すると覚えやすいですよ。
（中3・歴史は俺に任せろ！ さん）

必須記入事項

A／テーマ、その理由　B／郵便番号・住所
C／氏名　D／学年　E／ご意見、ご感想など

右のQRコードからケータイ・スマホでどしどしお寄せください！
住所・氏名は正しく書いてください!!
ペンネームは氏名のうしろに（　）で書いてネ！
【例】サク山太郎（サクちゃん）

Present!!
掲載された方には抽選で**図書カード**をお届けします！

募集中のテーマ

「秋の思い出」
「一番好きな学校行事」
「宝くじで3億円当たったら」

応募〆切 2016年9月15日

ここから応募してね！

ケータイ・スマホから上のQRコードを読み取って応募してください。

掲載にあたり一部文章を整理することもございます。個人情報については、図書カードのお届けにのみ使用し、その他の目的では使用いたしません。

世間で注目のイベントを紹介

サクセス イベントスケジュール

8月〜9月

ヒガンバナ

真っ赤な花が群生して咲く様子が神秘的なヒガンバナ。秋の彼岸のころ（9月20日ごろ）に開花することが名前の由来と言われる多年草だ。球根性の有毒植物で、かつては田畑や墓地を荒らす虫や動物を寄りつかせないために、多くのヒガンバナが植えられたんだ。

1

2

3

4

5

6

1 大迫力の平安の秘仏

特別展「平安の秘仏
滋賀・櫟野寺の大観音とみほとけたち」
9月13日（火）〜12月11日（日）
東京国立博物館・本館特別５室

滋賀県甲賀市にある天台宗寺院・櫟野寺《らくやじ》は、重要文化財に指定される平安時代の仏像が20体伝わる歴史あるお寺だ。展覧会では、なんとその20体すべてを展示。秘仏（普段は公開されていない仏像）である本尊・十一面《じゅういちめん》観音菩薩坐像《かんのんぼさつざぞう》も見られるという貴重な機会だ。総高５m超という迫力と穏やかな美しい表情に心が癒されるはず（P５組10名）。

2 マンガの作画技術を紹介！

『描《か》く!』マンガ展
〜名作を生む画技に迫る―描線・コマ・キャラ〜
7月23日（土）〜9月25日（日）
川崎市市民ミュージアム

マンガを構成する要素として一番重要な作画技術をテーマにした展覧会がこちら。石ノ森章太郎、赤塚不二夫、手塚治虫など漫画界の巨匠作品から、現代マンガの最前線を走るさいとう・たかを、あずまきよひこなど８名の著名マンガ家の作品を原画や拡大パネル等で紹介。アナログからデジタルまで、マンガを「描く」色々な技法を知ることができる。

3 魅惑のダリ・ワールド

ダリ展
9月14日（水）〜12月12日（月）
国立新美術館

観るものを圧倒するダリ・ワールドへようこそ。柔らかい時計や燃えるキリンなど、一度見たら忘れられない不可思議なモティーフが散りばめられた絵画を多く描いた、シュルレアリスムを代表するスペインの画家サルバドール・ダリ。スペインとアメリカのダリ・コレクションの全面協力を得た、約10年ぶりの本格的な回顧展だ（P５組10名）。

4 絶滅危惧動物の姿

世界動物遺産
最後の一頭に、してなるものか。
9月9日（金）〜9月28日（水）
FUJIFILM SQUARE

絶滅危惧動物たちの写真展。岩合光昭をはじめ、国内外の第一線で活躍する写真家たちが撮影した奇跡のショット約100点を展示。撮影された動物たちは、国際自然保護連合（IUCN）による「絶滅の危機に瀕している種のレッドリスト」に記載されている。野生動物の生命の輝きを絶滅から救うために、私たちにできることを考えてみよう。

5 さいたま市でアートを体感

さいたまトリエンナーレ2016
9月24日（土）〜12月11日（日）
岩槻駅周辺ほか

芸術の秋が待ち遠しくなるイベントをご紹介。さいたま市誕生15周年の今年、同市を舞台とする国際芸術祭「さいたまトリエンナーレ2016」が開催される。岩槻駅周辺、与野本町駅〜大宮駅周辺、武蔵浦和駅〜中浦和駅周辺の３つのエリアを中心に、国内外のアーティストによる多種多様なアートプロジェクトが展開されるという充実した内容だ。

6 写真を、芸術へ

From Life―写真に生命を吹き込んだ女性
ジュリア・マーガレット・キャメロン展
7月2日（土）〜9月19日（月祝）
三菱一号館美術館

イギリスの写真家、ジュリア・マーガレット・キャメロンは、その当時はまだ記録媒体にすぎなかった写真を、芸術に昇華することを試みた写真史上重要な人物だ。そんなキャメロンの貴重なヴィンテージプリントなどを集めた日本初の回顧展が開催中。キャメロンが写真のなかに表現した美の世界を、現代に生きるみんなはどう感じるだろうか。

1 重要文化財「十一面観音菩薩坐像」平安時代・10世紀 滋賀・櫟野寺蔵　2 ©さいとう・たかを ©KIYOHIKO AZUMA/YOTUBA SUTAZIO　3 サルバドール・ダリ《炸裂する柔らかい時計》1954年、12.7×17.1cm、紙にインク、鉛筆、サルバドール・ダリ美術館蔵 Collection of the Salvador Dalí Museum, St. Petersburg, Florida Worldwide rights：©Salvador Dalí, Fundació Gala-Salvador Dalí, JASPAR, Japan, 2016. In the USA：©Salvador Dalí Museum Inc. St. Petersburg, Florida, 2016.　4 花園で昼寝をするホッキョクグマ　カナダ ©Mitsuaki Iwago　5《さいたまビジネスマン》アイガルス・ビクシェ　6 ジュリア・マーガレット・キャメロン《五月祭》1866年 ヴィクトリア・アンド・アルバート博物館蔵 ©Victoria and Albert Museum, London

招待券プレゼント! Pマークのある展覧会・イベントの招待券をプレゼントします。77ページ「学習パズル」にあるQRコードからご応募ください。（応募締切2016年9月15日）。当選者の発表は賞品の発送をもってかえさせていただきます。

Success15 Back Number

サクセス15 バックナンバー好評発売中！

2016 8月号

生活面から勉強面まで
夏休み攻略の手引き
語彙力アップのススメ

SCHOOL EXPRESS
筑波大学附属

FOCUS ON
埼玉県立春日部

2016 7月号

役立つヒントがいっぱい！
作文・小論文の
書き方講座
いろいろな
オリンピック&甲子園

SCHOOL EXPRESS
千葉県立千葉

FOCUS ON
東京都立白鷗

2016 6月号

高校入試にチャレンジ！
記述問題特集
頭を柔らかくして
解いてみよう

SCHOOL EXPRESS
お茶の水女子大学附属

FOCUS ON
神奈川県立希望ケ丘

2016 5月号

難関校合格者に聞く
ぼくの私の合格体験談
今日から始める
7つの暗記法

SCHOOL EXPRESS
埼玉県立浦和第一女子

FOCUS ON
東京都立国際

2016 4月号

大学で国際教養を
身につけよう
読むと前向きに
なれる本

SCHOOL EXPRESS
開成

FOCUS ON
神奈川県立多摩

2016 3月号

読めばバッチリ
高校入試の案内板
2015年を振り返る
ニュースの時間

SCHOOL EXPRESS
慶應義塾高

FOCUS ON
神奈川県立光陵

2016 2月号

いよいよ本番！
高校入試総まとめ
中学生のための
検定ガイド

SCHOOL EXPRESS
千葉県立東葛飾

FOCUS ON
中央大学附属

2016 1月号

過去問演習で
ラストスパート
サクラサク
合格必勝アイテム

SCHOOL EXPRESS
東京都立日比谷

FOCUS ON
法政大学高

2015 12月号

世界にはばたけ！
SGH大特集
苦手でも大丈夫!! 国・数・英の楽しみ方

SCHOOL EXPRESS 埼玉県立浦和

FOCUS ON 中央大学高

2015 11月号

高校受験
あと100日の過ごし方
シャーペン・ザ・ベスト10

EXPRESS 東京都立国立

FOCUS ON 國學院大學久我山

2015 10月号

社会と理科の
分野別勉強法
図書館で、本の世界を旅しよう！

SCHOOL EXPRESS 東京都立戸山

FOCUS ON 明治大学付属中野

2015 9月号

どんな部があるのかな？
高校の文化部紹介
集中力が高まる8つの方法

SCHOOL EXPRESS 神奈川県立横浜翠嵐

FOCUS ON 中央大学杉並

2015 8月号

夏休み
レベルアップガイド
作ってみよう！夏バテを防ぐ料理

SCHOOL EXPRESS 早稲田大学本庄高等学院

FOCUS ON 法政大学第二

2015 7月号

参加しよう
学校説明会etc
中学生のための手帳活用術

SCHOOL EXPRESS 東京都立西

FOCUS ON 青山学院高等部

2015 6月号

キミもチャレンジしてみよう
高校入試数学問題特集
一度は行ってみたい！世界&日本の世界遺産

SCHOOL EXPRESS 慶應義塾志木

FOCUS ON 公立高校 東京都立富士

2015 5月号

先輩教えて！
合格をつかむための13の質問
数学っておもしろい！　数の不思議

SCHOOL EXPRESS 早稲田大学高等学院

FOCUS ON 公立高校 神奈川県立湘南

これより前のバックナンバーはホームページでご覧いただけます（http://success.waseda-ac.net/）

How to order
バックナンバーのお求めは

バックナンバーのご注文は電話・FAX・ホームページにてお受けしております。詳しくは88ページの「information」をご覧ください。

＜コーナー名＞

＜本文中記事＞

○目標・目的から逆算された学習計画

マイスタ・個別進学館は早稲田アカデミーの個別指導ブランドです。個別指導の良さは、一人ひとりに合わせた指導。自分のペースで苦手科目・苦手分野の学習ができます。しかし、目標には必ず期日が必要です。そこで、期日までに必要な学習内容を終えるための、逆算された学習計画が必要になります。早稲田アカデミーの個別指導では、入塾の際に長期目標／中期目標を保護者・お子様との面談を通じて設定し、その目標に向かって学習計画を立てることで、勉強への集中力を高めるようにしています。

○集団授業のノウハウを個別指導用にカスタマイズ

マイスタ・個別進学館の学習カリキュラムは、早稲田アカデミーの集団授業のカリキュラムを元に、個別指導用にカスタマイズしたカリキュラムです。目標達成までに何をどれだけ学習するかを明確にし、必要な学習量を示し、毎回の授業・宿題を通じて目標に向けて学習し続けるためのモチベーションを維持していきます。そのために早稲田アカデミー集団校舎が持っている『学習する空間作り』のノウハウを個別指導にも導入しています。

○難関校にも対応

マイスタ・個別進学館は進学個別指導塾です。早稲田アカデミー教務部と連携し、難関校と呼ばれる学校の受験をお考えのお子様の学習カリキュラムも作成します。また、早稲田アカデミーオリジナルの難関校向け教材も、カリキュラムによっては使用することができます。

お子様の夢、目標を私たちに応援させてください。

無料 個別カウンセリング 受付中

その悩み、学習課題、私たちが解決します。　**個別相談時間 30分～1時間**

勉強に関することで、悩んでいることがあればぜひ聞かせてください。経験豊富なスタッフが最新の入試情報と指導経験をフルに活用し、丁寧にお応えします。　※ご希望の時間帯でご予約できます。お電話にてお気軽にお申し込みください。

Success15

From Editors

夏休みももうすぐ終わり。2学期が始まると、多くの高校で文化祭が行われます。みなさんは受験を考えている学校の文化祭を見に行く予定はありますか。私は中学生のころ、高校の文化祭を見学しに行って、高校生がとても楽しそうにキラキラして見えて、「自分も高校生になったらこうなりたい！」と思ったのを覚えています。

今月号では、文化祭の特集を組み、文化祭実行委員の生徒さんにお話を聞きました。取材をして感じたのは生徒のみなさんが熱い思いを持って文化祭に取り組んでいるということです。文化祭に行って先輩たちのその思いを感じることで、みなさんの勉強へのモチベーションがさらにあがるかもしれませんよ！（S）

9月号

Next Issue 10月号

Special 1

首都圏
公立高校受検
ガイド

Special 2

今年没後○年を
迎える著名人

SCHOOL EXPRESS

東京都立八王子東高等学校

FOCUS ON

神奈川県立厚木高等学校

※特集内容および掲載校は変更されることがあります

Information

『サクセス15』は全国の書店にてお買い求めいただけますが、万が一、書店店頭に見当たらない場合は、書店にてご注文いただくか、弊社販売部、もしくはホームページ（右記）よりご注文ください。送料弊社負担にてお送りします。定期購読をご希望いただく場合も、上記と同様の方法でご連絡ください。

Opinion, Impression & etc

本誌をお読みになられてのご感想・ご意見・ご提言などがありましたら、ぜひ当編集室までお声をお寄せください。また、「こんな記事が読みたい」というご要望や、「こういうときはどうしたらいいの」といったご質問などもお待ちしております。今後の参考にさせていただきますので、よろしくお願いいたします。

サクセス編集室お問い合わせ先

TEL : 03-5939-7928　　FAX : 03-5939-6014

高校受験ガイドブック 2016 9 サクセス 15

発行　2016 年 8 月 15 日　初版第一刷発行
発行所　株式会社グローバル教育出版
〒 101-0047 東京都千代田区内神田 2-4-2
ＴＥＬ　03-3253-5944
ＦＡＸ　03-3253-5945
http://success.waseda-ac.net
e-mail　success15@g-ap.com
郵便振替口座番号　00130-3-779535
編集　サクセス編集室
編集協力　株式会社 早稲田アカデミー